本书是教育部人文社科青年基金项目"基于互联网信息的食品安全预警框架构建与模型设计研究"（项目编号：14YJC630178）、博士后面上基金项目"食品安全网络预警方法研究"（项目编号：2014M552087）、武汉大学人文社科自主科研项目"基于微博信息的食品安全风险评价方法研究"的部分研究成果

新兴网络经济运行机理研究

余红伟 陈 东 著

中国社会科学出版社

图书在版编目(CIP)数据

新兴网络经济运行机理研究/余红伟,陈东著. —北京:中国社会
科学出版社,2015.5
ISBN 978 - 7 - 5161 - 6763 - 2

Ⅰ.①新… Ⅱ.①余…②陈… Ⅲ.①网络经济—经济运行—研究
Ⅳ.①F062.5

中国版本图书馆 CIP 数据核字(2015)第 182366 号

出 版 人	赵剑英	
责任编辑	田　文	
特约编辑	胡新芳	
责任校对	张爱华	
责任印制	王　超	

出　　版	中国社会科学出版社
社　　址	北京鼓楼西大街甲 158 号
邮　　编	100720
网　　址	http://www.csspw.cn
发 行 部	010 - 84083685
门 市 部	010 - 84029450
经　　销	新华书店及其他书店

印刷装订	北京金瀑印刷有限责任公司
版　　次	2015 年 5 月第 1 版
印　　次	2015 年 5 月第 1 次印刷

开　　本	710 × 1000　1/16
印　　张	10.25
插　　页	2
字　　数	166 千字
定　　价	39.00 元

凡购买中国社会科学出版社图书,如有质量问题请与本社营销中心联系调换
电话: 010 - 84083683

摘　要

　　随着互联网络技术的迅猛发展与广泛应用，经济全球化和信息网络化已成为世界经济发展的新趋势。社会经济活动越来越依赖于网络尤其是互联网，我们已经进入网络经济时代。新技术的蓬勃发展，日新月异，更新速度之快永远超乎我们的想象。以信息技术与新兴制造技术为代表的新技术的发展正在改变着我们传统的生产方式。与此同时，在新技术背景下产生的共享合作式的新观念也正冲击着我们传统经济的交易模式。新兴网络经济正是在信息网络化时代产生的一种崭新经济模式。

　　新兴网络经济是以互联网络为基础，以分布有序的形式组织生产，以充分的信息共享与信任合作为交互准则，在传统网络经济信息平台上进化而成的更具时效性与低碳性的高级经济模式。分布式生产的生产方式、信任式合作的交互方式使得新兴网络经济成为一种诚信对等的网络。本书在归纳新兴网络经济实体特点的基础上，研究了新兴网络经济在生产方式、交易方式、主体行为方式以及发展方式四个方面的主要特征问题，内容如下：

　　第一，新兴网络经济实体与特征。介绍了当前盛行的几种新兴网络经济实体，维基百科、Kiva 银行、社区支持农业以及沙发漫游等。通过分析它们的产生、发展以及特点，归纳总结出新兴网络经济的四个最主要的特征，即分布式的生产、信任式的合作、诚信对等网络为载体以及高度的低碳性，作为后文研究的基础。

　　第二，新兴网络经济的生产方式——分布式生产。分析了不同学派对规模经济理论在不同层次上的解释，从成本和收益的角度确定分布式生产存在的网络环境并从规模经济理论的三个层面对其进行了合理解释，从新古典经济学中的生产成本理论以及新制度经济学中的交易成本理论两个方面研究了分布式生产在新兴网络经济中产生的条件，运用中间人模型分析了分布式生产网络在交易中所起的作用，明确分布式生产网络虚拟中间人的组织性质，突出分布式生产产生的理论基础与必然趋势。

第三，新兴网络经济的交易方式——合作式交互。从分析网络经济价格信号的离散效应入手，运用重复博弈模型解释新兴网络经济中合作产生的理论根源，结合信号理论分析价格信号与声誉信号的相互作用，构建声誉价格博弈模型进一步明晰价格离散与交易者声誉之间的相互关系，明确新兴网络经济中基于信任的合作式交互的重要性。

第四，新兴网络经济中的主体行为方式——基于声誉的交互选择。指出基于声誉的个体交互选择是新兴网络经济中的主体行为方式，分析了新兴网络经济中声誉的多维性，重点介绍声誉信息来源及声誉信息目标的多维性；从声誉的表示、声誉的来源、声誉的修正和声誉的融合四个方面详述多维度模型构建的原理及过程；通过对当前网络经济实体的例子验证模型的可行性与适用性，并对模型的效率及抗威胁性进行了分析，为交互个体在新经济环境下提供一种全新的交互选择机制。

第五，新兴网络经济的发展方式——低碳可持续。进一步分析了新型分布式网络经济的低碳性，在介绍经济熵与经济发展系统模型的基础上，运用熵理论从个体、信息、环境、制度与资源五个方面分析，构建了新兴网络经济系统发展模型，并从这五个方面分析了系统熵增与熵减过程，运用拟合扇形模型说明了新兴网络经济是符合低碳与可持续性的，是新兴网络经济运行的主要特征。

通过对以上内容的研究，本书得出以下结论：

一是新兴网络经济中，新技术的广泛应用使得传统大规模集中式的生产向分布式生产转变；

二是新兴网络经济中，由于信息的充分共享，声誉信号的作用凸显，将与价格信号共同作用，交互准则呼唤基于合作的信任；

三是分布式生产与信任式合作将使得新兴网络经济成为供需对等的诚信网络，交互双方的声誉将成为决定交互进行与否的重要因素，声誉模型也便成为新兴网络经济的交互准则；

四是新兴网络经济符合低碳理念的经济，有助于推动经济的可持续发展。

本书对新兴网络经济的研究，探寻特征、运行规律及对经济发展的贡献，对于指导与推动新兴网络经济的持续健康发展具有积极的实践意义。同时，研究新兴网络经济这一新生的经济模式，也能在一定程度上丰富传统经济学的理论与观点。

关键词：新兴网络经济　分布式生产　信任式合作　交互选择机制　低碳

Abstract

With the rapid development and wide application of Internet tech-
nology, economic globalization and information networking have become
the new trendfor world economic development. Socio – economic activi-
ties are more and more dependent on the network, especially the Inter-
net. We have already entered the Web Economy Era. Newly emerging
technologies, which represented by the information technology and emer-
ging manufacturing technologies, are transforming our traditional produc-
tion methods. Meanwhile, the new share – in and cooperation concept
that arising in the context of new technologies is influencing our tradition-
al model of economic transactions. Newly Emerging Cybereconomy
(NEC) is a whole new economic model in this information
networking era.

NEC is based on the Internet, in the form of distributed and orderly
organization for production, with full trust and cooperation and informa-
tion sharing guidelines for interaction, in traditional economic informa-
tion network platform evolved more timeliness with lower carbon. It is a
more advanced economic model. Distributed production and trust – coop-
eration interaction make it a peer to peer network based on trustworthy
faith. This dissertation has mainly focused on the characteristics, laws
and contributions of NEC, involves five key questions.

    1. The entities and characteristics of NEC. We describe several

prevalent NEC entities, such as Wikipedia, Kiva Bank, Community Supported Agriculture and "Couch Surfing". Through the analysis of their origin, development, and unique features, we summarize the four main characteristics of NEC, i. e. distributed production, trust – cooperation interaction, peer – to – peer networking based on trustworthy as well as a high level of low – carbon. The four characteristics are as a basis for our later study.

2. The economies of scale in NEC: the distributed production. We Analysis different schools on scale economic theory in different levels of explanations. From the angle of cost and income, we figure out the environment for distributed production's existing in NEC, and interpret it in the three levels' understanding of economic scale. We also explore the conditions for distributed production's geniture from the views both of the new classical economics and the neo – institutional economics. Finally by using middleman model, we analysis the role of distributed production network in transactions, and clearly we figure out the distributed networked virtual organization of intermediary nature. This part aim to theoretically illuminate the inevitability for the emergence of distributed production.

3. The trade mode in NEC: the trust – cooperative interaction. We Start from the analysis of discrete effect of the price signals in network economics, and then we use repeated game model to explain origins why the cooperation emerges in NEC, and then combined with the theory of signal, we analysis the interaction between price signal and reputation signal. To clarify the relationship between price discrete and reputation, we fatherly build a price – reputation game model. This part is to explain the importance of trust and cooperation for the NEC's interactions.

4. The interactive selection mechanism of NEC. First we analysis the multidimensional nature of reputation in NEC, focusing on the multidimensional reputation nature of information objectives information sources. Then we illustrate the principles and processes to build a multi-

mensional model from four aspects, i. e. the representation of reputation, the source of reputation, the modification of reputation and the fusion of reputation. Through examples of current NEC entities, we verify the feasibility and applicability of the model and also we analysis its efficiency and security. This part is to provide a new interactive selection mechanism for the interaction individuals in NEC.

5. The relationship between NEC and economic development. We fatherly analysis the low carbon feature of NEC. Based on the introduction of economic entropy and economic development system model, we use entropy theory construct a development model for NEC from five aspects, i. e. individual, information, environment, system and resources, and from this five a aspects we also analysis the entropy increased and entropy reduced process. Finally we use sector fitting model to describe the sustainability of NEC.

Above all we can draw conclusions as follows:

1. In the NEC, the extensive application of new technologies makes the traditional production of large – scale centralized become to distributed production.

2. In the NEC, duo to fully sharing of information, the reputation signals will work together with the price signal; the interactive guideline calls for cooperation based on trust.

3. The distributed production and trust – cooperation interaction make the NEC become a peer to peer network based on trustworthy, and then reputation will be an important factor in interactions, and therefore reputation model becomes the interaction guideline in NEC.

4. The NEC is consistent with the idea of low – carbon economy, which can contribute to economic development.

We research on the NEC by exploring the characteristics, operation rules and contribution to economic development. Our work can guide and promote the sustained and healthy development of the NEC, and meanwhile, to study on such a new economic model, can diversify the traditional economic theories and perspectives to a certain extent.

Keywords：Newly Emerging Cybereconomy（NEC）；Distributed Production；Trust – cooperative Interaction；Interactive Selection Mechanism；Low – carbon Economy

目　录

第一章　绪论

第一节　研究背景及意义

一　研究背景

十多年前我们坐在电脑前对着黑色的屏幕用 DOS 系统敲入指令进行文件操作时，绝不会想到今天我们能用 iPhone 手机畅游 4G 网络随时随地收看实时新闻或直播球赛。新技术的蓬勃发展，日新月异，深深地烙印于人们的日常生活中，且更新速度之快超乎我们的想象。

人类经济的发展史无疑是一部生产技术的革新史。在人类诞生后相当长的一段时间里，由于生产技术条件的限制，人们长期过着靠自然、用自然，日出而作、日落而息的农耕生活，始终没有摆脱手工劳作、低生产率的农业经济时代的束缚。直到 18 世纪 60 年代，随着瓦特对蒸汽机的改良及推广应用，第一次工业革命爆发了。从此人们结束了对畜力、风力和水力等长久以来的依赖，以使用机器为主的工厂大量涌起，开创了制造大机器的时代，生产力得到了极大的飞跃，束缚人类历史发展的农业经济时代宣告完结，全新的工业时代经济就此开始。到了 19 世纪下半叶，科学技术的发展突飞猛进，各种新技术、新发明层出不穷，并开始在更大范围内影响工业，第二次工业革命拉开帷幕。新兴的发电、化工、无线电等技术的日益成熟与普及，催生了电力的广泛应用、内燃机和新交通工具的创制、新通信手段的发明和化学工业的建立，人类从"蒸汽时代"进入"电气时代"。相比第一次工业革命而言，第二次工业革命促成了石油、电气、化工、汽车、航空等新兴工业部门的出现，重工业有了长足发展，并逐步占据主导地位，促进了工业时代经济的进一步繁荣。20 世纪 40 年代，继蒸汽技术革命和电力技术革命之后，以原子能、电子计算机、空间技术和生物工程的发明和应用为主要标志，涉及信息技术、新能源技术、新材料技术、生物技术、空间技术和海洋技术等诸多领域的一场信息控制技术革命——第三次科技革命爆发了。第三次科技革命推动了社会生产力的空前发展，大大加快了科学技术转化为生产力的速度。人类社会也从机械化、电气化时代进入了另一个更高级的自动化时代——"后工业经济时代"。从最初农业经济时代到工业经济时代，再到后工业经济时代，人类经济社会的发展史道出一个不争的事实——科学技术已成为第一生产力。

随着互联网络技术的迅猛发展与广泛应用，经济全球化和信息网络化已成为世界经济发展的新趋势。社会经济活动越来越依赖于互联网，我们已经进入网络经济时代。社会各界越来越多地依赖和使用信息网络，一方面从网上获取大量信息；另一方面通过网络交流完成商品的生产、交换、分配、消费等经济活动。工业经济向网络经济的转变体现的是主流经济模式的变迁方式。以互联网为核心的信息技术的发展，使得在经济生产活动中的各类参与者可以随时随地进行交流沟通，不再局限于传统经济模式中的时空界限，大大降低了经济活动的各项成本。网络经济是没有时空限制的经济，将对以工业经济为主的国民经济全局带来根本性的变化。

新技术的进一步发展正酝酿着新一轮工业革命。在各界都翘首以盼地期待着第三次工业革命时，有学者指出，第三次工业革命即将到来，也有学者说第三次工业革命早已悄然拉开序幕。不论哪种观点，新兴技术将促成新工业革命的星星之火在互联网络广阔的平台上迅速形成燎原之势已成为各界共识，一种基于当前网络经济发展起来的新经济模式将从根本上改变人们的生活和工作，改变整个世界，我们称它为新兴网络经济。新兴的网络经济将以新科技为支撑，从广度和深度上影响经济社会的各个层次与角落。

二　研究意义

本书以新兴网络经济这一新生事物作为研究对象，对其生产方式、交易方式、主体行为方式以及运行方式几个方面的特征进行系统深入的研究，具有十分积极的理论与实践意义。

3

（一）理论意义

新兴网络经济萌生于网络经济，却也不同于传统网络经济。这些不同点主要表现在生产方式向分布式的生产转变，交易模式更注重基于信任的合作，基于声誉的个体交互选择成为主体的主要行为方式，低碳可持续性成为经济运行的新方式。新兴网络经济与其他的研究对象相比还是新生事物，目前还未有对其特征的系统研究。本书对新兴网络经济这一新生事物的新特征进行系统研究，对于丰富和充实网络经济学的理论与观点无疑有着积极的理论意义。

（二）实践意义

理论的研究总能指导实践的开展。对新兴网络经济理论系统的研究目前尚有欠缺。本书从生产方式、交易方式、主体行为方式以及运行方式几个方面对新兴网络经济的特征进行系统研究，对于探寻新兴网络经济规律、指导与推动新兴网络经济的持续健康发展具有重要的实践意义。

第二节　国内外研究综述

本书是以"第三次工业革命"为背景展开的，主要研究在第三次工业革命的推动下，一种初现端倪的新型经济模式。它是以新兴生产技术为基础、以互联网络为支撑、以新的交易理念为依托，与传统经济模式相比，它在生产方式、交易方式、个体行为方式以及运行方式上均表现出独具个性的特征。

一 关于"第三次工业革命"的研究评述

近年来，对"第三次工业革命"的讨论在国内外学术界、产业界以及政府各界均掀起了一股热潮。有人认为第三次工业革命早已到来，有人认为刚刚来袭，也有人认为还未发生，各种观点理解不一。其中以享誉全球的未来预测大师杰里米·里夫金（Jeremy Rifkin）及英国《经济学人》编辑保罗·麦基里（Paul Markillie）的观点最被众人推崇与认可。

杰里米·里夫金在其著作《第三次工业革命：新经济模式如何改变世界》中有详细的描述。他敏锐地发现，历史上数次重大的经济革命都是在新的通信技术和新的能源系统结合之际发生的。新的通信技术和新的能源系统结合将再次出现——互联网技术和可再生能源将结合起来，为第三次工业革命创造强大的新基础设施。与杰里米·里夫金理解的互联网与新能源结合的"第三次工业革命"有所不同，保罗·麦基里从生产方式的角度定义了"第三次工业革命"。他认为，制造业的数字化将引领第三次工业革命，智能软件、新材料、灵敏机器人、新的制造方法及一系列基于网络的商业服务将形成合力，产生改变经济社会进程的巨大力量。

两位学者对"第三次工业革命"理解的实质是一致的，即新的科学技术的发展与普及是第三次工业革命的核心推动力。不同的是杰里米·里夫金是从人类赖以生存的物质基础——能源的角度来看待，而保罗·麦基里则是从经济活动的根本形态——生产方式的角度来定义的。对于第三次工业革命带来的影响，两位学者的认识却又是一致的。杰里米指出，第一次工业革命使 19 世纪的世界发生了翻天覆地的变化；第二次工业革命为 20 世纪的人们开创了新世界；第三次工业革命同样也将对 21 世纪产生极为重要的影响，它将从根本上改变人们生活和工作的方方面面，以化石燃料为基础的第二次工业革命给社会经济和政治体制塑造了自上而下的结构，如今第三次工业革命所带来的绿色科技正逐渐打破这一传统，使社会向合作和分散关系发展，我们所处的社会也正经历深刻的转型，原有的纵向权力等级结构正向扁平化方向发展；保罗也认为，

"（第三次工业革命）的车轮已经完全转了起来，它来自'大规模生产'，却向'个性化生产'的方向驶去"，"它还将简化生产流程并推动人们学会利用互联网来分享创意"，"新兴的制造技术（3D打印技术）将为我们带来个性化的定制式生产方式，其中每一件产品都有可能遵循客户的需求而与众不同"，"同时，利用互联网，使用这些技术，你坐在家中就可以触及全球市场"，"不仅将影响到产品的生产方式，还将影响到产品的生产地点，地域将不再在很大程度上制约生产"。

5

　　总的来说，"分散式"、"合作性"与"网络互联"成为第三次工业革命影响经济社会的几大主要关键词。杰里米指出，"第三次工业革命是以分布在世界各地、随处可见的可再生能源为基础，这些分散的资源被数百万个不同的能源采集点收集起来，通过智能网络进行整合、分配，最大限度地实现能源的有效利用并维持经济的高效、可持续发展。可再生能源的这种分散式的本质更需要合作性的组织结构而不是层级结构"，"这一新兴的、扁平式的能源机制为由此衍生出来的所有经济活动提供了一个崭新的组织模式"。国内诸多学者也对此进行了详尽的研究，得出如出一辙的结论。学者胡少甫（2012）指出，第三次工业革命的组织模式是扁平化结构，由遍布全国、各大洲甚至是全世界的数千个中小企业组成的网络与世界各地的商业巨头一道共同在市场中发挥作用。王宏广（2013）认为，新兴的3D打印技术、分布式能源等会催生一系列新产品，引起一些产业领域的变革，并出现生产分散化、消费个性化、服务网络化、决策扁平化的新经济模式。他同时指出，"这种改变（第三次工业革命带来的改变）会成为大规模、标准化现代工业体系的有效补充，但是在短期内不会导致整个工业技术体系、产业体系的根本性变革"。与王宏广的观点不同，学者黄群慧、贺俊（2012）则认为第三次工业革命的实质是内涵丰富、多层次的，是已经发生突破但处于演进中的工业系统变革，它最终"将使全球技术要素和市场要素配置方式发生革命性变化，也将推动人类社会进入个性化制造的崭新时代"。学者冯飞（2013）也同样指出第三次工业革命的组织模式与以往有很大不同，扁平化结构、分散合作式商业模式更为普遍，创新型中小企业的作用更为突出，生产者与消费者的互动关系更为紧密，对市场需求的快速反应能力更为重要。毫无疑问，以新科技与新能源相结合为标志的第三次工业革命，将导致社会生产方式、制造模式甚至生产组织方式等方面的重要变革。

6　　二　关于经济生产方式的研究评述

第三次工业革命是一种建立在互联网和新材料、新能源相结合的新经济发展范式之上的，将对传统生产方式产生颠覆性的影响。杰里米大胆假想了这种影响的结果："如果有数百万的人可以在自己家中或企业中更廉价、快捷地同时生产一批或单独一个产品，而生产出来的产品可以与世界上最先进的工厂的产品相媲美，那又该如何？"答案显而易见，如果杰里米的假设前提成立，那么传统大规模集中式的生产方式将不复存在，取而代之的是一种"分散"、"合作式"的生产方式。

可问题是现实经济生活中杰里米的假设前提成立吗？杰里米在其著作中给出了明确回答。他认为新兴生产技术的发展与普及迟早能达到假想中的条件，他还列举了最具代表性的一种新兴生产技术——3D 打印技术。他指出："3D 打印机可以对产品进行分析，就像复印机一样对物品进行分层打印。无论是珠宝还是手机，抑或是汽车或飞机的部件，还是医疗移植，乃至电池，所有的产品都可以通过'添加式生产''打印'出来。这种生产方式不同于传统的'减成法'，对原材料进行剪裁、拼接然后连接而成"，"'添加式生产'能够大幅度降低耐用商品的生产成本，从而使数以万计的小型生产者（即中小企业）对传统上处于中心位置的大型生产者提出挑战"。国内学者晁毓山（2012）同样指出，传统工业机器可以使流水线作业更加完善，但它们价格昂贵，新兴 3D 打印技术的添加型制造已经在成本和生产效率上取得相对优势。英国《经济学人》杂志也将 3D 打印技术列为第三次工业革命到来的重要标志，学者尹晓宇、潘笑天（2013）认为，3D 打印技术的普及将是对传统制造工艺的革命，将推动更具个性创意产品的产生，也将彻底变革传统生产生活方式。牛建宏（2012）在其报道中指出，专家们认为随着 3D 打印技术的不断成熟，打印出的产品的生产成本会不断降低，小型企业甚至是独立的个体都可以独立完成产品制造，产品生产会从工厂化生产转向社会化生产，"这种新的制造方式将使得制造业的生产组织从传统的大公司生产转变为小企业甚至个人等简单松散的组织结构"。贾根良（2013）认为，"以 3D 打印为基础的数字化生产可以使每一个人都成为生产者，从而出现了'社会制造'的生产方式：每个人都可以建立家庭式工厂，通过在线交流进行产品的研发、设计和制造"，"这种分散式和社会化的生产方式将更有助于实现经济民主、改善收入分配和生产社会化"。

7

与上述学者观点不同的是，德国学者哈特穆特·施万特（2013）指出，要冷静看待 3D 打印的热潮，目前而言，3D 打印仍是非常昂贵的技术。国内学者王忠宏（2013）则表示 3D 打印产业发展前景广阔，但忌夸大，短期内 3D 打印不会替代规模经济，在小批量、个性化生产上，3D 打印具有优势，在大批量生产上，则还要依靠规模经济。同样，国内学者连宁却认为 3D 打印技术不可能对现代制造业产生颠覆性的作用，但是 3D 打印技术一定会和互联网一样深入人们生活工作的任何一个角落，也就是说它会在第三次工业革命中产生巨大的推动作用，但它并不能起决定性作用。同样，学者刘志彪（2013）认为："3D 打印技术虽然会重整发达国家制造业竞争力，但是短期内难以颠覆整个传统制造业模式。理由有三个：一是 3D 打印只是新的精密技术与信息化技术的融合，相比于机器大生产，不是替代关系，而是平行关系；二是 3D 打印原材料种类有限，决定了绝大多数产品打印不出来；三是个性化打印成本极高，只有规模化才能降低成本。"

从上述研究现状来看，当前 3D 打印技术的普及还非常有限。但各专家学者对于杰里米所提出的假设却并未否认，只是需要花一定时间来验证。抛开 3D 打印技术，单纯就第三次工业革命对生产方式的影响而言，学者表达了更为一般性的看法。贾根良（2013）认为从工业化进程看，每一次工业革命都是使用机械生产替代人的劳动，降低生产成本，第三次工业革命也不例外，它将在更大程度与更大范围内运用智能协作代替体力与脑力劳作。随着智能机器成本的减少及其应用的普及，将出现智能化机器运用到生产领域中的生产成本低于传统劳动力成本，这样一来，大量体力甚至部分脑力劳动者将会被智能机器所取代。传统的以人力为主的生产方式将受到极大冲击。第三次工业革命的创造性"毁灭"过程在使许多劳动密集型产业消失，同时分散式和社会化的生产方式将取代以大企业为主导的传统生产方式。学者冯飞认为，数字化制造将使得某些行业（特别是生产生活资料的行业）规模经济变得不明显，将使生产方式从大批量生产转向个性化定制生产和分散式就地生产，以便更加贴近市场，更快响应市场需求，大规模流水线的生产方式将终结。

学者芮明杰（2012）更具体地论述了生产方式所面临的变革，他指出："现在的生产方式是大规模标准化、用机器生产机器的方式；新的生产方式，是以互联网为支撑的智能化大规模定制的方式，标志着个性化消费时代的到来。具体来说，第一，今天的互联网既是信息平台，又是交易和生产控制平台，当然它还是娱乐和社交平台；第二，智能化意味着智慧型计算机嵌入制造设备中，从而使生产设备能够更快地自我反应、计算判断、分析决策和操作；第三，在过去，定制品数量非常少，但在数字化、智能化的制造条件下，个性化产品的大规模定制生产在技术上已经成为可能，甚至部分已成为现实。""网络经济与实体经济的相互融合日趋加深，生产能力的复苏与增长必然是奠基于新的生产方式之上，即以互联网为支撑的智能化大规模定制的生产方式。"

与芮明杰的观点类似，中国社会科学院工业经济研究所（2012）以及学者徐梦周、贺俊（2012）等也认为与前两次工业革命一样，第三次工业革命也将对经济社会生产方式产生重大革新，这种转变既不同于福特模式下大规模的低成本生产，也有别于高成本的个性化定制，"生产企业在差异化产品和生产成本之间寻求着有效的平衡"。这是一种从大规模生产向大规模定制的转变，是"在生产过程中强化产品内部结构的标准化，增加顾客可感知的外部结构的多样性"；刚性生产系统向可重构制造系统的转变，是以"重排，重复利用更新系统组态或子系统方式，实现快速调试以及制造"；工厂化生产向社会化生产的转变，是"借助丰富的产品设计程序和模板，搭配社区网络媒体的扩散效应以及用户之间的互动机制"。

正如杰里米的预言，第三次工业革命对经济生产方式的最终影响是将大规模集中式的生产方式转变成以互联网为支撑的智能化分散式的大规模定制的生产方式。

三 关于经济交易方式的研究评述

9

在第三次工业革命给经济生产方式带来巨大影响的同时，一种全新的适应新型生产方式的组织结构与交易方式也应运而生。杰里米指出："这一新兴的、扁平式的能源机制为由此衍生出来的所有经济活动提供了一个崭新的完全分散、合作性的组织模式。"

扁平式、分散化已成为组织发展与变革的新方向。芮明杰认为，我们现在的生产组织方式为"集中生产，全球分销"，先要盖厂房，从全世界采集原料，生产后再运送到各地销售，运输成本高，信息搜寻与交易成本都很大，浪费不少资源。新的组织生产方式则不一样，它是"分散生产，就地销售"，它不需要今天这样的工厂，只需要3D打印机就可以真正做到本地生产、本地销售。学者徐梦周、贺俊更为具体地分析了全新组织方式的变革趋势：（1）一种产业组织网络化趋势，"一方面，企业将原来在企业内部的纵向链条上的生产过程分离出去，或者说从价值链体系的某些阶段撤离出来，转而依靠外部供应商来供应所需的产品、支持服务或者职能活动，形成纵向分离；另一方面，原有的竞争对手，或者不同产业的企业，都因为技术、产品或业务的横向联系，形成了新型竞争协同的网络关系。企业外部边界模糊，使得组织与外部市场联系在一起，把整个组织的触角伸到了市场的各个角落"。（2）一种产业边界模糊化的趋势，"首先，制造业企业可以通过在线获取生产所需的各类协作服务，使生产要素的配置成本降到最低。在销售过程中，可以借助网络使最新产品在短时间内行销全球。更为重要的是，今后制造业企业所提供的产品中服务价值的比重将超过实体价值的比重，不再是简单的产品销售，还提供与该产品配套的包括信息系统、配套软件、操作程序以及维护服务等在内的一个完整的服务系统。与此同时，数字化发展也带来了原有服务业部门的重构，比如，许多服务产品原本难以储存，因需要而生产和消费同时进行，或者生产者与消费者需要实体接触等，都会因为信息技术而有所突破，服务业产品化的趋势日益明显"。（3）一种产业集群虚拟化的趋势，"借助于发达的信息、通信手段以及网络平台，产业集群的集聚范围、内容和形式会快速变化，传统的地理集群的空间局限正被逐渐突破，并形成网络意义上的集聚，即产业集群发展的虚拟化"。

分散化的组织模式带来了全新的经济交易方式。杰里米认为，"由市场到网络的转向带来了一个截然不同的商业模式。销售者和购买者之间的敌对关系被供应者和使用者之间的合作关系所取代，利己主义被利益共享所取代"，"相比公开性和集体信任，狭隘的信息私有化黯然失色。这种专注于公开性而非秘密性的本质有一个重要的前提——网络的附加值并不会贬低个人的价值，相反，每个人的财富都会通过共同努力得到共同的增长"。这种合作共享式交易模式的产生根源在于"互联网通过整合博弈场所改变了传统交易游戏的本质"，"通过网络将数百万生产者和卖家在虚拟空间中连接起来几乎是不需要任何成本的"。"一个由数百万人组成的分散式网络代替了从批发商到零售商在内的所有中间人，并且消除了传统供应链中每一个阶段的交易成本。"国内学者也进行了相关研究，学者甘碧群、程凯（2001）就指出，随着生产力的发展与社会分工的日益细化，沟通与协作对于企业间交易的作用日益显著。何苏华（2003）研究了企业间的合作网络形成原因，指出规模经济的扩张、共享网络增值利益、交易成本的降低、经营风险的分散化是促成合作的主要原因。同样，胡少甫（2012）也指出，网络的发展使信息传递的费用近乎为零。冯鹏程（2013）认为在第三次工业革命时代，"竞争的市场将越来越向合作网络转变"，"传统的财富观念——鼓励获取物质财富和独占、排他的权利，被全新的通过社交网络同他人分享经验的财富观所取代"，"世界许多地区将从第三次工业革命过渡到合作时代"。因此，分散化的组织形式以及与此相适应的共享合作式的交互模式已成为经济交易方式的新

10

趋势。

四 关于经济主体行为方式的研究评述

分散化的组织形式与共享合作式的交互模式会给经济活动中主体的行为带来怎样的影响呢？诸多学者对第三次工业革命对于生产方式以及生产组织形式带来的变革进行了详尽的论述，但对于这一点却少有涉及。

杰里米·里夫金在其著作中指出："新型模式在社会和市场结构上都追求扁平化"，"每个人都将成为能源的自主生产者，同时也需要通过合作的途径实现能源在本地、地区间乃至整个世界的共享"。同样，国内学者冯飞更为具体地描述了这种变化的实质，他认为新型的经济模式改变了传统生产者与消费者单向的关系，让交互个体在生产者与消费者之间可以任意地进行角色转换。

经济活动中生产者与消费者角色的相对化、动态化对传统经济学理论产生影响。杰里米·里夫金阐述道："第三次工业革命对人的驱动这一概念和统治经济行为的若干假设的看法截然不同，新型经济模式分散化、合作的本质使人们不得不对与市场经济共生的私有财产的概念重新进行定义。"通过互联网和新型通信技术，地区内每个人的中枢神经系统彼此相互联系，使每个经济交互个体进入全球性的社交空间和新的时间领域之中。"在分散、合作型的经济中，进入全球社交网络的权利同在国家市场上拥有私人财富的权利变得同样重要。生活质量的重要性日益显现，特别是在虚拟空间中寻求融入数百万人组成的全球性社团这一诉求。""伴随着互联网成长起来的新一代的经济个体，习惯于对创造力、知识、专业技能，甚至产品和服务的开放性共享，以促进社会总体财富的增长"，"这种观点被经典经济学家嗤之以鼻，他们认为这种共享是与人性相违背的，注定会失败，在他们眼中，人生来就是利己的、竞争的、贪婪的，会利用他人的善意为自己谋利，或躺在他人的劳动成果上不劳而获，或者独享自己的成果以期获得更多的收益"。然而，在第三次工业革命的冲击下，新的经济个体交互方式正在发生变化，"现在，数百万的年轻人正在积极地加入互联网上分散、合作型的社交网络之中，乐于用自己的时间和才智，不计报酬地来为他人谋福利"，"而他们这样做的原因仅仅是为了享受与志同道合者共同致力于促进生活进步、推动社会发展、大幅提高生活水平的乐趣"。而实际的经济活动中确实也出现了大量诸如此类的网络社交空间，如维基百科、Facebook、Kiva 银行等。

12

既然新型分散、合作型的经济模式中经济个体会以合作为基本前提来进行经济活动的交互，那么经济个体之间会采取怎样的行为方式来维持这种长期稳定的合作关系呢？杰里米·里夫金指出："经济是一种有关信任的游戏。虽然人们通常认为商业交往和贸易活动是靠黄金白银来维持的，但是在现实中，它却总是以一种更为重要的资源——公众的信任为依托来运作的。这就意味着，当公众的信任足够时，经济就会繁荣，未来就有保障；反之，经济就会衰退，前景就会暗淡。"所以笔者认为，新型经济模式中主体行为表现出最为突出的特征是信任，经济主体双方的信誉将成为这种合作共享能否产生并长期稳定进行下去的关键。依据经济个体的信誉水平来选择交互合作的对象成为新型分散、合作型经济模式中经济主体的主要行为方式。

五　关于经济运行方式的研究评述

以化石能源为基础的第二次工业革命向以可再生能源为基础的第三次工业革命的转型将意味着低碳经济发展模式的正式建立。低碳与可持续将成为新型分散、合作型经济运行的新方式。

第三次工业革命概念的真正兴起与全球化传播，与全球可持续发展面临的压力息息相关。学者芮明杰明确指出，20 世纪 80 年代后期，石油和其他化石能源的日渐枯竭及随之而来的全球气候变化给人类的持续生存带来了危机，与此同时，化石燃料驱动的原有工业经济模式已不能支持全球经济的可持续发展，人类经济社会呼吁进入一种"后碳"时代的新模式。同样，学者冯鹏程指出当前的世界经济正处于第二次工业革命和石油世纪的最后阶段，工业文明正处在十字路口。曾经支撑工业化生活方式的石油和其他化石能源正日渐枯竭，那些靠化石燃料驱动的技术已陈旧落后，以化石燃料为基础的整个产业结构也运转乏力。随之而来的，是世界范围内的失业问题到了危险的地步。政府、企业、消费者都陷入了债务泥沼，各地生活水平骤然下降。多达 10 亿人口——相当于全部人口的近 1/7——面临饥饿，这是史无前例的。更糟糕的是，以化石燃料为能源开展的工业活动导致的气候变化日渐明显。科学家们提醒说，地球的温度和化学性质可能发生灾难性的变化，这会破坏整个生态系统的稳定。他们担心在 21 世纪末可能会有大量的动、植物灭绝，这将危及人类的生存。人们越来越清楚地意识到，必须采用一种新的经济模式，才能确保一个更公正、更具可持续性的未来。正是在这样的人类社会发展背景形势下，第三次工业革命的概念才得以正式兴起并得以广泛传播。

面对曾经支撑起工业化生活方式的化石能源正日渐枯竭的情形，新的经济模式呼唤一种更为低碳的运行方式，才能确保一个更具可持续性的未来。学者芮明杰认为我们目前的经济与社会发展模式、生活消费方式所依赖的化石能源已经逐步进入枯竭期，需要在理念、技术、资源配置、消费习惯、社会组织等诸多方面转型以开发可替代的再生能源，使人类社会可持续发展。这是第三次工业革命的核心之一，而里夫金构想了这一变革。杰里米·里夫金明确指出我们的经济运行方式要完成从生产率到传承性、从效率到可持续性的转变，"新型模式在社会和市场结构上都追求扁平化，是实现经济可持续发展的最佳道路"。他在 2010 年欧洲理事会议上还曾强调："欧盟需要的不是遏制气候变化的计划或者能源计划，只有可持续的经济发展计划才能带领欧洲，期望更高一些的话，带领世界在 2050 年实现零碳排放，进入后碳时代。"① 芮明杰更详细分析了这种低碳运行方式的经济模式相比工业时代经济运行方式的诸多优势：资源节约，原材料使用仅为传统生产方式的 1/10，能源消耗也远低于化石能源时代；生产成本低，互联网信息的运用和自己动手生产，都降低了产品生产的成本；交易费用低，通过网络平台直接定制交易，交易费用几乎为零；流通费用低，分散生产、就地销售可以节约大量流通成本；消费者的

13

---

① 曾德金、王龙云、侯云龙：《五大支柱造就"扁平化的世界"》，《经济参考报》2012 年 6 月 13 日。

满意度提高，等等。

第三节　研究内容与方法及逻辑结构

一　研究内容与方法

14

　　本书在归纳新兴网络经济实体特点的基础上，研究了新兴网络经济在生产方式、交易方式、主体行为方式以及运行方式四个方面的主要特征问题。在研究过程中运用了文献比较、演绎归纳以及经济学、管理学及物理学中的相关理论与方法。

　　本书首先通过文献比较研究，列举并介绍了维基百科、Kiva银行等新兴网络经济实体的运行机理、发展现状及前景，归纳出了新兴网络经济的四大主要特征，即（1）分布式生产；（2）信任式合作；（3）信息网络载体；（4）低碳。四大特征为后文的写作起到了提纲挈领的作用。

　　本书的主体内容是对新兴网络经济特征的具体研究，本书有重点地研究了四个方面的问题，即（1）新兴网络经济中的生产方式——分布式生产；（2）新兴网络经济中的交易方式——合作式交互；（3）新兴网络经济主体行为方式；（4）新兴网络经济运行方式。具体来讲，问题（1）是对新兴网络经济特征之一——分布式生产的响应，运用规模经济理论和交易费用理论从不同的角度来分析新兴网络经济中分布式生产存在的环境与产生的条件，并对分布式生产网络的组织性质进行定性，突出分布式生产产生的理论基础与必然趋势；问题（2）是对新兴网络经济特征之二——信任式合作的响应，运用信号理论和搜寻理论分析价格信号与声誉信号的相互作用，构建声誉价格博弈模型并进一步明晰价格离散与交易者声誉之间的相互关系，明确新兴网络经济中基于信任的合作式交互的重要性；问题（3）是在问题（1）与问题（2）的研究基础上，得出分布式生产与信任式合作将使得新兴网络经济成为供需对等的诚信网络，是对特征之三——信息网络载体的响应，运用声誉理论通过构建多维度的声誉模型为交互个体在新兴网络经济中选择交互对象提供有效途径；问题（4）是对特征之四——低碳性的响应，运用熵理论构建了新兴网络经济低碳节能的系统模型，强调新兴网络经济对经济可持续发展的重要推动作用。

研究内容与方法的逻辑如图 1-1 所示。

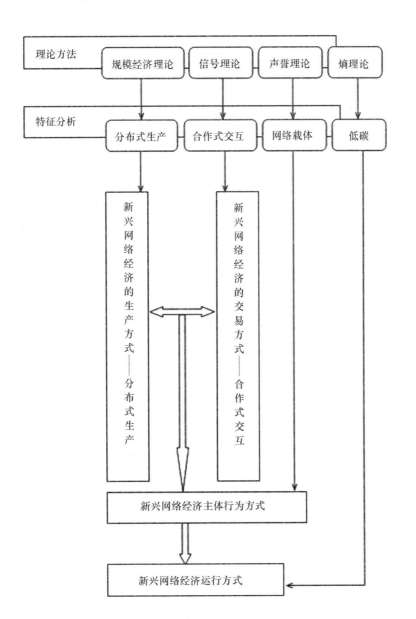

图 1-1　研究内容与方法逻辑

二 逻辑结构

本书的逻辑结构和章节安排如下：

第一章 绪论。阐述了本书的研究背景与研究意义；从第三次工业革命、经济生产方式、经济交易方式、经济个体行为方式以及经济运行方式五个方面总结陈述了国内外研究文献，分析了已有研究成果与现存不足；阐明了本书的技术路线、研究框架与内容安排；说明了本书的创新点。

第二章 相关概念及理论基础。定义了分布式生产、合作式交互以及新兴网络经济的内涵与范围；介绍了本书主要采用的理论与方法。

第三章 新兴网络经济实体及特征分析。简要分析了当前的几种新兴网络经济实体，并在此基础上归纳总结出新兴网络经济的五大主要特征。

第四章 新兴网络经济的生产方式——分布式生产。分析了不同学派对规模经济理论在不同层次上的解释，总结了在新兴网络经济中规模经济体现出的新特征及新的效益；从成本和收益的角度确定分布式生产存在的网络环境，并从规模经济理论的三个层面对其进行了合理解释；从新古典经济学中的生产成本理论以及新制度经济学中的交易成本理论两个方面研究了分布式生产在新兴网络经济中产生的条件；运用中间人模型分析了分布式生产网络在交易中所起的作用，明确分布式生产网络虚拟中介的组织性质。

第五章 新兴网络经济的交易方式——合作式交互。分析了网络经济价格信号的离散效应，运用重复博弈模型解释新兴网络经济中合作产生的理论根源；结合信号理论分析价格信号与声誉信号的相互作用；构建声誉价格博弈模型并进一步明晰价格离散与交易者声誉之间的相互关系，明确新兴网络经济中声誉信号的重要作用以及基于信任的合作式交互的重要性。

第六章 新兴网络经济个体行为方式。分析了新兴网络经济中声誉的多维性，重点介绍声誉信息来源及声誉信息目标的多维性；从声誉的表示、声誉的来源、声誉的修正和声誉的融合四个方面详述多维度模型构建的原理及过程；通过对当前网络经济实体的例子验证模型的可行性与知用性，并对模型的效率及抗威胁性进行了分析。

第七章　新兴网络经济运行方式。进一步分析了新型分布式网络经济的低碳性，在介绍经济熵与经济发展系统模型的基础上，运用熵理论从个体、信息、环境、制度与资源五个方面分析，构建了新兴网络经济系统发展模型，并从这五个方面分析了系统熵增与熵减过程，运用拟合扇形模型说明了新兴网络经济发展的可持续性。

第八章　总结与展望。对全书研究工作加以总结，并介绍了可进一步开展研究的方向。

本书的章节结构安排如图1-2所示。

第四节　本书创新点

本书在归纳新兴网络经济实体特点的基础上，对新兴网络经济生产方式、交易方式、主体行为方式以及运行方式四个方面的主要特征进行了系统研究，主要有四个方面的创新：

第一，从理论上阐述了新兴网络经济中分布式生产方式生产的必然性。运用规模经济理论从不同的角度分析了分布式生产存在的环境与产生的条件，研究了分布式生产网络的组织性质，指出新兴网络经济中大规模集中式生产向分布式生产转变是必然趋势。

第二，从理论上论证了新兴网络经济中声誉信号与价格信号共同作用的交易机理。运用重复博弈模型解释新兴网络经济中合作产生的理论根源，结合信号理论研究价格信号与声誉信号的相互作用，构建声誉价格博弈模型进一步明晰价格与声誉之间的相互关系，指出新兴网络经济中声誉与价格共同作用，交互准则呼唤基于合作的信任。

第三，构建了新兴网络经济中多维度声誉模型，为主体在新经济环境下提供一种全新的交互选择机制。介绍了声誉信息来源及声誉信息目标的多维性，从声誉的表示、声誉的来源、声誉的修正和

17

```
┌─────────────────────────────────────┐
│           第一章  绪论                │
├─────────────────────────────────────┤
│  研究背景及意义、国内外研究综述、研究内容    │
│  等方面及逻辑结构、技术路线及创新点        │
└─────────────────────────────────────┘
                  │
┌─────────────────────────────────────┐
│            第二章                    │
├─────────────────────────────────────┤
│       相关概念及相关理论基础            │
└─────────────────────────────────────┘
```

```
                  ┌──────────────────┐
                  │     第四章        │
                  ├──────────────────┤
                  │  新兴网络经济的生产  │
                  │  方式——分布式生产  │
                  └──────────────────┘
┌──────────────┐                        ┌──────────────────┐
│   第三章      │                        │     第六章        │
├──────────────┤                        ├──────────────────┤
│  新兴网络经济  │                        │  新兴网络经济主    │
│  实体及特征    │                        │  体行为方式        │
└──────────────┘                        │  基于声誉的交互选择 │
                  ┌──────────────────┐  └──────────────────┘
                  │     第五章        │
                  ├──────────────────┤
                  │  新兴网络经济中的交易 │
                  │  方式——合作式交互  │
                  └──────────────────┘
```

```
┌─────────────────────────────────────┐
│            第七章                    │
├─────────────────────────────────────┤
│     新兴网络经济运行方式低碳可持续       │
└─────────────────────────────────────┘
                  │
┌─────────────────────────────────────┐
│            第八章                    │
├─────────────────────────────────────┤
│           总结与展望                 │
└─────────────────────────────────────┘
```

图 1-2　全书结构安排

声誉的融合四个方面详述多维度模型构建的原理及过程，以实例验证模型的可行性与适用性，并对模型的效率及安全性进行了分析。

第四，构建了新兴网络经济系统发展模型，说明新兴网络经济运行的低碳可持续性。运用熵理论构建新兴网络经济低碳节能的系统模型，分析新兴网络经济发展的可持续性，指出新兴网络经济符合低碳理念的经济，有助于推动经济的可持续发展。

第二章 相关概念及相关理论基础

本书以新兴网络经济为研究对象。本章将对与新兴网络经济相关的几组概念进行界定与定义，明确本书研究对象的范畴，并介绍本书所运用的几种研究理论与方法。

第一节 相关概念界定

一 分布式生产

（一）分布式

分布式的概念最初来源于计算机科学，表示系统组成与结构形式。与分布式相类似的还有两个概念："集中式"和"分散式"。如图 2-1 所示，如果一个系统的部件是仅限于从一个集中的点向四周单向辐射展开，那么它就是集中式的；如果系统的部件在不同的地方，它就是分散式的；如果系统属于分散系统，且部件之间存在紧密的合作，那么该系统就是分布式的。

随着对分布式概念理解的深入，它也被应用到其他领域。如学者张晓阳（2003）就定义了分布式城市的概念：它的大部分基础设施、功能设施等地表承载物在地理空间上，以及它的主要的社会、经济、政治、文化等人类活动在社会空间或虚拟空间上，被有效分散化为众多相对独立的信息化的城市自治单元；这些城市自治单元通过分布式城市交互系统便捷交互，协同合作，并以分散控制为主要形式来实现整个城市的功能。国际大型电力系统委员会也定义了分布式发电的概念：非经规划的或中央调度型的电力生产方式，通常与配电网连接，一般发电规模在 50 兆瓦至 100 兆瓦之间。

20

图 2 - 1　集中式（左）、分散式（中）与分布式（右）

（二）分布式生产

本书所指的分布式生产是在以互联网络为基础的平台上，分布于不同地理区域的广大个体生产者，通过网络信息的充分共享，依据自身特点与优势，在网络协同与交流机制下，自发地进行独具个性的产品或服务的生产与合作，它是一种信息高度共享、高度分工协作的生产模式。分布式生产是在新技术的推动下诞生于网络经济模式中，它具有以下特征。

1. 生产广泛性

互联网络在极大的程度上突破了时间和空间的限制，使得个体的生产活动可以在任何时间、任何地点进行，人们可以足不出户就完成与大洋彼岸的合作者之间的交易。互联网络使传统的空间概念发生变化，个体生产不再严格依据地理限制而刻意集中起来，出现了有别于实际地域的虚拟空间或者虚拟社会。处于世界任何角落的个人、公司或机构，可以通过互联技术组成一个有序自发性的分布式生产网络，建立各种虚拟组织，如公司、商场、社区、大学、研究所等，以达到信息、资源及智力的充分共享等。以此而形成的分布式生产网络所具有的开放性和全球性特点，为个体创造了更多的交互机会。

2. 生产自主性

分布式生产可以造就生产者的个性化产品生产，同时也能满足需求方多样化的产品需求。在这样一种分布式的生产网络中，个体是来自不同分工领域人员的集合，通常能涵盖最为广大的社会群体，主体规模巨大，类型纷繁多样，这也造就了产出产品与需求的多样化。在这样一个信息共享与互联的网络中，个体通常同时具有生产者与消费者的属性，他们以自身优势去创造具有个性化的产品或服务，以此来吸引其他个体的需求，与此同时，也在网络信息平台中找寻其他个体的个性化产品来满足自己的需要。因此，个体在造就新兴网络经济的同时，分布式的生产网络也在改变着参与其中的个体。

3. 生产的自组织性

分布式生产使得个体生产者能跨越时空的限制，将世界各个角落的不同个体联系起来。他们通常来自不同地区甚至跨越国界，在线时间也不统一，因而个体的不确定性、身份背景、优势兴趣与参与目标也各不相同。将他们组织在一个高度开放性的网络环境下，个体与个体之间会达到一种高度信息共享、资源共享、智力共享的状态，通过不断的交流与学习，一方面，完成个体对自身的自我组织与自我管理的过程；另一方面，通过结合每个个体自发地进行生产的优势，进行组织有序的系统分工合作，达到一种高度的协调合作的生产状态。

二　信任式合作

（一）信任关系

从心理学的角度来看，信任是人们情感的一种表达，在经济活动与社会活动中表现出了不同的含义。

1. 经济活动中的信任

经济人假设是经济学理论大厦构建的基本论点，信任也是基于这一假设的前提。经济活动中的信任体现的是经济人的相互关系，这种关系都是以经济人本身所追求的基本目标为约束的，即以利益最大化或成本最小化的双重约束作用下的经济关系。

2. 社会活动中的信任

与传统经济活动中的信任不同的是，社会活动中的信任体现的是更为"完善的人"。所说的这种"完善"主要表现在人们不单单着眼于眼前利益，更着眼于长远利益，除此之外，人们之间的关系不再单纯地以"利己"为唯一目标，更注重互利互惠关系的建立。此时，信任也变成为一种长期的投资，形成的结果是社会人与社会人之间长期稳定的交互关系。

本书所研究的新兴网络经济环境中个体间的信任关系是一种长期信任合作的关系，因此，应该理解为社会交互关系中的信任的概念。

（二）信任式合作

信任式合作是新兴网络经济中个体之间互动的主要方式，这是指个体的生产者在以互联网络为基础的信息平台上，自愿分享个体私人信息，以诚信互换达到集体信息的公开共享，并以自觉信任为核心的约束力量，在网络声誉评价机制的指导下选择合适交互对象，进行合作交互。

新兴网络经济中信任式合作的交互方式能够有效地节约个体交互过程中的交易成本。互联网络使市场资源的配置不再受到市场门户的限制，信任合作式的交互方式也将使得市场资源信息成为集体的共享信息。信息的充分共享提高了市场交互的透明度、公开化和公平性，可以保证有限的资源以最优的方式进行配置。同时，互联网络使个体生产者更好地适应网络交互市场的变化，提高个体经济活动中每一个环节的效率，降低个体经营成本，提高了交互效率。

新兴网络经济中的信任式合作能在很大的程度上激励个体发挥创造力。信息充分共享式的信任合作模式是一种将群体智慧合而为一的模式。以对等诚信而互联的网络个体是新兴网络经济中的主体，不同的个体从事不同的专业，有着不同的社会经历，通过网络互联并以互信共享，就能在生产信息等方面进行充分的交流与互补，可以提供更多富有创造性的元素，有利于创新产品和服务的产生。另外，从组织结构角度来说，通过个体之间相互沟通的互动启发，个体可以轻易完成在限定专业内无法完成或无法短期完成的一系列的创新成果，而快速的创新机制却是在知识创新加速和知识交叉融合的时代特别重要的。因此，信任式合作的交互模式就是推动信息整合、知识创新的一种最佳形式。

23

三 新兴网络经济

（一）网络经济的内涵

研究网络经济的文献层出不穷，但对网络经济的准确定义却没有统一的认识。本书认为，网络经济是以信息技术为依托，以互联网络为物质基础发展起来的经济模式，在这种经济模式中，信息成为影响经济活动最为主要的因素，网络的环境使得信息的价值得到了巨大的释放。它包含以下几个方面的内涵：（1）以互联网络为基础：信息是网络经济中最为显著的特征，而信息传递与展现的途径离不开以互联网络为核心的现代信息技术；（2）信息价值的巨大释放：网络经济多为虚拟交易的经济，经济活动的依据就是纷繁复杂的信息流，信息的价值提高到了空间的高度；（3）一种经济形态：网络经济是对整个经济形态革命性的变革，它早已不是一个产业层面的概念，而是一个经济形态的概念。

（二）新兴网络经济的内涵

新兴网络经济属于网络经济的范畴，它是在传统网络经济的沃土上成长与发展起来的。像独具开放性的维基百科，所有人都能参与编写词目，也能免费查阅；信息公共透明的 Kiva 银行，提供平台直接让放贷者与陌生的贷款者之间建立联系，并自行商量贷款各项事宜；把信任交给他人的"沙发漫游"旅行方式，通过网络上结交素未谋面的朋友，让出行更加简单顺畅……这些新兴的经济模式与传统网络经济模式相比，有其独具个性的特点，称为新兴网络经济。

新兴网络经济是以互联网络为基础，以分布有序的形式组织生产，以充分的信息共享与信任合作为交互准则，在传统网络经济信息平台上进化而成的更具时效性与低碳性的高级经济模式。新兴网络经济产生于网络经济，却又超前于网络经济的一般特性，具体表现在：（1）它是以分布式的方式来组织个体生产者的，个体生产者在网络协同与交流机制下，自发地进行独具个性的产品或服务的生产与合作，相比传统网络经济而言，是一种信息高度共享、高度分工协作的生产模式；（2）它是以信任式合作为主要方式来实现个体间的交流互动，个体的生产者在以互联网络为基础的信息平台上，自愿分享个体私人信息，以诚信互换达到集体信息的公开共享，并以自觉信任为核心的约束力量，在网络声誉评价机制的指导下选择合适交互对象，进行合作交互，相比传统网络经济，能在更大范围与程度上激发个体创造性、节约交互成本等。因此，新兴网络经济是传统网络经济的进一步发展与延伸。

第二节　规模经济理论

一　规模经济的内涵

（一）规模经济的概念

规模经济的概念最初由亚当·斯密在其著作《国富论》中提及，他认为规模经济是专业化分工的结果。对规模经济比较系统的定义的是经济学家保罗·萨缪尔森，他将规模经济归纳为规模报酬递增，即在投入增加的同时，产出增加的比例超过投入增加的比例。同样，当规模报酬递减时，即产出增加的比例小于投入增加的比例，单位产品的平均成本随产量的增加而上升，则规模不经济。

（二）规模经济的成因

主流的西方经济学认为，规模经济的形成有来自内在和外在两方面的原因。

1. 内在原因

内在原因主要体现在四环节方面，即（1）当企业扩大生产规模之后，盈利能力增强，就能有足够的能力去引进高技术新人才，提高企业劳动生产率；（2）当企业引进技术提高劳动生产率以后，就可以进行相应的人员缩减，进一步使生产成本降低，并能合理化企业内部分工；（3）企业生产率的提高，能增加各界人士对企业的信心，便于企业进行融资，再进一步扩大规模；（4）生产规模的进一步再扩大，使得单位产品分摊的生产与经营成本进一步降低，节约生产成本，产生规模效应。

2. 外在原因

外在原因主要表现在两个方面：（1）企业为了追求自身利益最大化，赢得更加高额的垄断利润，进行组合与兼并；（2）是政府产业组织政策推动的结果。

二 规模经济的作用

（一）规模经济有利于构建竞争优势

规模经济为企业带来的竞争优势主要体现在两个方面：一方面，由于生产规模的扩大，产品产量的增加，使得单位产品的成本不断下降，这就使得大规模生产的企业相对于其他企业而言具有更多的价格优势，为其赢得竞争优势；另一方面，由于扩大规模获得更多利润，企业可以有更多的资金投入到新产品的开发，可以领先其他企业生产出在品质与功能上独具特色的产品，并以此来阻止替代产品的竞争，巩固其竞争地位。

（二）规模经济对竞争优势的驱动类型

规模经济对竞争优势的作用类型可以分为内部规模经济与外部规模经济，如图 2 - 2 所示。

内部规模经济的作用是由于企业自身扩大规模、产品产量增加、单位产品分摊的成本减少，而引起的生产成本的下降的优势；外部规模经济的作用则体现在同一个生产部门中或整个行业内，是

```
        ┌ 内部规模经济
规模经济 ┤
        └ 外部规模经济 ┤ 技术外部经济
                       └ 货币外部经济
```

图 2 - 2　规模经济对竞争优势的作用类型

26　指行业规模扩大后，可降低整个行业内各公司、企业的生产成本，使行业整体竞争力提升。具体而言，外部规模经济的作用还可以进一步划分为技术外部经济作用和货币外部经济作用两种。技术外部经济主要是指行业中的"技术外溢"效应而使得企业生产率提高；货币外部经济是指企业从同一行业（生产部门）的聚集中获得市场规模效应。

第三节　信号理论

一　信号理论的产生

信号理论的产生源自斯彭斯（Spence，1974）的一篇著名论文《市场信号：雇佣过程中的信号传递》。在论文中，斯彭斯首次将教育水平作为一种"信号"手段，考察其在劳动力市场传递中的作用。斯彭斯在论文中运用"信号传递"的思想解决了信息不对称市场的均衡问题，即成功地从理论上解决了市场中信息优势者与信息劣势者之间的信息传递并达到市场均衡的过程。斯彭斯的这一研究创造性地开拓了信号传递理论的研究领域，他在该论文中所构建的劳动力市场模型成为最初最为经典的信号传递模型。

信号理论的另一著名学者赖利（Riley，1977）最早运用实践证据验证了斯彭斯所构建的信号传递模型。赖利通过研究认为，信号理论在信息不对称部门的运用效果最为明显，尤其是在工人的生产力难以测定的行业最显著。赖利依此构建了资本结构的信号传递模型，并创造性地从信息不对称角度回答了当时一直为经济学界所关注的企业资本结构决定因素问题，引领了信号传递理论在资本运作领域的研究热潮。

与信号传递模型相对应的是信号甄别模型，两者构成信号理论的完整体系。信号甄别模型最初由罗斯柴尔德（Rothschild et. al.）于 1976 年开创。罗斯柴尔德等通过构建信号甄别模型研究了保险市场的私有信息问题，研究结果显示，存在一组合同和一个选择规则，使得每一类型的雇员在所有可选择的合同中选择一个最适合自己的合同，并且结果只存在唯一的分离均衡。研究弥补了最初的信号传递模型的不足，信号传递模型解决的是市场中信息优势方先行动的问题，而信号甄别模型解决的却是信息劣势方先行动的问题。

二　信号理论的拓展研究

信号理论诞生之后，掀起了信息经济学研究的另一波热潮。后续学者对信号理论的三个方面进行了拓展研究：（1）从两种局中人拓展到多种局中人的博弈过程；（2）从单纯的静态博弈拓展到复杂的动态博弈过程；（3）前提假设的不断松弛等。

（一）多个局中人的拓展

斯彭斯在最初构建的劳动力市场信号传递模型中，局中人只有两种，即能力高的劳动者与能力低的劳动者，并在研究过程中忽略了高能力劳动者发送信号的成本（假设此成本较低忽略不计）。赖利考虑到实际劳动力市场中劳动者的类型不单纯只为能力高与能力低的两种类型，他在 2001 年的一篇论文中考虑了增加其他不同类型的局中人的结果。结果显示，局中人类型只与信号发送的边际成本相关，只要信号发送的边际成本足够小，就始终能存在一个唯一的分离均衡，通过这个均衡的结果可以把不同类型的局中人区分开来。

（二）动态博弈的信号甄别

在最初的罗斯柴尔德等人的保险市场中信号甄别基本模型中，模型最终存在的纳什均衡必须具有三个条件：（1）明确区分开不

27

同类型的客户；（2）模型最多只可能存在一个均衡结果；（3）唯一的均衡结果只在低风险的客户足够少的情况下才存在。这就暴露了他们模型的不足之处，即静态的信号甄别模型有可能不存在均衡结果。学者威尔逊（Wilson，1977）改进了罗斯柴尔德等人单纯静态的分析过程，引入了动态的调整过程，修正了静态模型可能求解不到均衡解的弊端。此外，学者乔治·麦拉（George，1993）、佩顿·杨（Peyton Young，1993）以及萨缪尔森（Samuelson，1997）通过建立一个两阶段的动态深化博弈模型进一步修正了罗斯柴尔德等人的最初结果，他们通过分析认为，在两个阶段的博弈过程中，如果第一阶段罗斯柴尔德等人的博弈结果不存在均衡，那么在第一阶段的动态演化过程中也将不存在静态均衡结果，但是在阶段的重复博弈过程中却一直存在一个相对较为合适的两阶段均衡结果。

（三）前提假设的松弛

斯彭斯在最初建立信号传递模型时，有一个基本的假设：劳动者接受教育的成本与其能力的单调性假设，即高能力的劳动者接受教育的成本较低，可忽略不计；低能力的劳动者接受教育的成本则较高。斯彭斯是通过这样的一个基本假设，通过区分教育成本来把不同劳动者的能力区别开来的。但是，劳动者教育成本与能力的单调性假设与实际的情况并不一定相契合。教育可以提高劳动者的能力，但是获得教育的成本不单单与劳动者的能力相关，也与劳动者的经济能力、人脉关系等诸多因素相关。实际的情况是劳动者能力与其接受教育的成本并不存在单调递减的关系。进一步考虑，如果当受教育成本与个人能力之间不存在此消彼长的规律时，劳动者的能力是不可能区分开来的。学者费尔德曼（Feldman，2004）致力于研究解决这个问题。他对不存在所谓单调性假设前提的情况进行研究，着重研究了劳动者能力呈离散分布时的均衡情况。另有学者费尔德曼和维纳（Feldman & Winer，2004）则进一步对劳动者能力连续分布的情况进行了均衡求解。

第四节 声誉理论

声誉理论产生于重复博弈模型,原理是博弈局中人为获得长期收益而自觉选择遵守"合作"的"声誉机制"。完整的声誉模型是由克雷普斯、米尔格罗姆、罗伯特和威尔逊(Kreps, Milgrom, Robert & Wilson)在 1982 年创建。他们将经典的"囚徒困境"博弈进行巧妙的拓展,将重复博弈的思想与不完全信息引入博弈中,解开了有限"囚徒困境"博弈均衡却非帕累托最优的悖论。除此之外,他们还进一步研究了在多阶段的博弈过程中,后一期的声誉对后期的效用影响很大,起始阶段的良好声誉往往能在后期阶段给局中人带来很高的收益起到很大的作用,从而激励局中人在早期建立并维持较高的声誉。

一 声誉的形成

声誉的形成源于将不对称性与重复博弈的思想引入经典的"囚徒困境"博弈模型中。在不完全信息的情况下,经济个体的内在动机对其他个体而言是隐蔽未知的。但是若个体在经济活动中保持持续不变的行动方式,将会使得其他个体对其产生一种稳定的预期,这种预期源于个体的内存特征,即诚信,会使其他个体在进行经济决策时受到影响,声誉也就开始产生作用了。

弗里德曼(Friedman, 1971)通过对无限次重复博弈模型进行研究,得出了著名的无名氏定理,即在完美及完全信息条件下,只要博弈进行的次数足够多,就一定能够得到使得博弈双方能满意的均衡点,作为一次子博弈的完美纳什均衡出现,并且以后的博弈过程将以此为开端,博弈双方实行长期稳定的合作。在这其中,这个子博弈的完美纳什均衡是整个博弈过程的关键,被称为触发策略。在弗里德曼研究的基础上,克雷普斯、米尔格罗姆、罗伯特和威尔逊将经典的"囚徒困境"博弈进行巧妙的拓展,将重复博弈的思想与不完全信息引入博弈中,对重复博弈中合作行为的形成机制给出了更为合理的解释,即声誉机制。在他们建立的模型中,由于信息的不完全，局中人并不知道对方的类型，双方只能试探性地进行非理性的决策。这个非理性决策的概率设为 P；博弈重复 T 次。由无名氏定理可以知道，只要 T 足够多，那么一定是存在一个阶段 $T_0 < T$，使得博弈的某个阶段存在一个子博弈精炼的贝叶斯均衡。他们四人的研究结论后来被以四人名字首字母命名为 KMRW 定理，即声誉理论。

二　第三方治理机制

声誉作为一种信息反映在企业实体上，为了使声誉机制对企业进行更为有效的约束，在对企业声誉进行管理时需要引入基于第三方的治理机制。第三方治理机制的引入主要是为了保护博弈中的弱势一方。因为一旦一方处于弱势地位，作为强势的一方无论采取什么策略（即使是让双方均受损失的策略），由于弱小企业的抗压能力不如强势企业，其受到的最终影响会大于强势企业，此时就不能保证这两者之间的合作关系，就需要有第三方治理机制的引入，对不进行合作的一方进行强制惩罚，维持声誉的作用。米尔格罗姆等人（Milgrom et al. 1994）研究了市场自发的商业团体来充当第三方治理机制的情形，研究结果表明，商业团体可以通过仲裁、排斥等手段对不诚信的企业进行惩罚，约束其维持较好的声誉，使市场达到一种较高效率的均衡状态。然而这种以市场自发形成的商业团体缺乏强制执行的力度，落实往往不能得到很好的保障，特别是在团体之外的交易情况，这些内部自发而成的规制也就自然失去效用，此时市场呼唤更为一般的强制性治理机制。国家司法系统颁布的有关市场运行的法律法规等强制性的制度也就成了最为有效、最为权威的第三方治理机制。法律法规具有普遍性，能覆盖社会经济活动中的所有领域，其实行也是具有强制性的。第三方的治理机制是对理论上的声誉机制的实践加强与补充，两者共同在社会经济活动中起作用。

第五节　熵理论

一　熵的定义

熵的定义最早起源于物理中热学的相关概念，最初由物理学家克劳修斯在其著名的论文《论热的动力理论的主要方程的各种应用形式》中详述。他在论文中运用严密的数学逻辑定义了熵的内涵：在一个可循环的过程中，某个物体从一种初始状态开始经过任意的动作又回到最初状态，那么积分 $\int \dfrac{dQ}{T}$ 是总为 0 的，由微积分理论可以知道，积分号里的表示式 $\dfrac{dQ}{T}$ 必定是一个常量的全微分，它只与物体最初与最终的状态相关，而与物体如何达到此状态所经过的路径无关。克劳修斯即把这个常量定义为热力学中的"熵"，用 S 表示，有：

$$dS = \frac{dQ}{T} \tag{2-1}$$

当物体由一种状态变化到另一种状态时，由微积分理论推导有：

$$S_2 - S_1 = \int_1^2 \frac{dQ}{T} \tag{2-2}$$

二　熵含义的拓展

克劳修斯提出熵的概念之后，熵理论在各学科领域都有着不同的理解和应用。以下笔者将介绍不同学科对熵的理解与概括。

在物理学中，熵是用来描述物体分子杂乱无章运动（即布朗运动）的程度，布朗运动越剧烈，物体分子紊乱程度越大，熵也越大。

从系统论角度来看待熵，那么熵衡量的是整个系统紊乱无序的程度，系统越表现得无序，系统的熵值也就越大。

熵的概念被广泛应用到了信息学领域。在信息学中，熵表征的是一个系统缺失信息的量，信息缺失越多，信息熵值就越大，也会使系统的混乱程度增大。从信息角度来说，熵是系统丢失信息的量度，信息丢失意味着系统混乱程度增大。

从资源可再生利用的角度来说，资源熵是度量不可再生资源的数量。资源熵值的增大则意味着可再生资源数量的减少。

32

本书从经济学的角度来理解熵的内涵，认为经济熵值表征的是社会经济系统盲目无序的程度，经济熵值越大，经济系统越是紊乱无序。因此，经济管理的主要目标就是要抑制经济系统中正熵源的流入，增加负熵源，使系统整体熵值降低，完成经济的可持续健康发展。

三　熵定律

与经济学中的定律定理不同，熵定律被誉为"自然界一切定律中的最高定律"，因为其他的定理定律往往需要在特殊限定条件下才成立，而熵定律在整个宇宙的范围内是永恒成立的。与能量守恒定律相似，熵定律规定了系统中能量转化或转移的方向，即从能量高的部分向能量低的部分转移，从形态高级的能量形式向形态低级的能量形式转化，能量在这样的转移与转化过程中系统熵值不断增加，熵值的不断增大也就表征着系统向无序混乱的方向发展。当系统熵值增加到一定阶段，突破系统承受极限，系统便崩溃，死而复生，开始形成新的系统。简而言之，熵定律表示的内涵是，系统的总能量是一定的，而系统总的熵值是会不断增加的。熵定律也被称作热力学第二定律。

本章小结

本章对研究对象分布式生产、信任式合作以及新兴网络经济等概念进行了界定与定义，介绍了本书所运用的规模经济理论、信号理论、声誉理论以及熵理论。

第三章　新兴网络经济
实体及特征

　　本章将从分析当前新兴的网络经济实体入手，归纳提炼出新兴网络经济区别于现存网络经济模式的新特征，作为后文研究的铺垫。

第一节　新兴网络经济实体

一　维基百科——人民的百科全书

（一）起源

　　维基百科被称为"人民的百科全书"，它是一个自由、免费、内容开放的百科全书计划。它对所有的人开放，通过使用一项称为Wiki 的网络技术，将全世界有能力、有意愿协同合作的学者联系起来，共同来编写以网络为基础的免费百科全书。每天都有来自不同国家的人们，夜以继日地进行词条的编写。所编写的词条也远远超出传统百科全书的限制，包括最新的时事及热点词汇，更新速度之快是纸版百科全书所远远不能及的。维基百科的最初构想源于两个年轻的美国人吉米·威尔斯（Jimmy Wales）和拉里·桑格（Larry Sanger），他们在 2000 年提出了一个大胆的构想——"用世界上每一种语言免费传递一个完整而全面的百科全书，即使最贫穷和最受压迫的人也能轻松查阅。"刚开始两人为实现共同的宏愿，通过雇用专门的专家学者来进行词条的撰写。在一年多的时间里他们花费了20多万美元却只收录了几百条新生的词目，宏愿计划受阻。后来经人推荐使用Wiki技术，通过网络这样一个广大的平台建立"维基百科全书"网络百科全书的编写平台，这样一个大众编辑版本很快就出台了。令他们吃惊的是，基于网络的维基百科的发展速度非常快，远远超乎他们之前的想象。

（二）发展状况

维基百科成立于2001年1月15日，由维基媒体基金会负责维持。在其发展的十几年里，吸引了全球的用户参与到词条的编写过程中。截至2012年1月，维基百科条目数第一的英文维基百科已有385万个条目，而全球所有282种语言的独立运作版本共突破2100万个条目，总登记用户也超越3200万人，而总编辑次数更是超越12亿次。大部分页面都可以由任何人使用浏览器进行阅览和修改，英文维基百科的普及也促成了其他计划——如维基新闻、维基教科书等计划的产生，虽然也造成对这些所有人都可以编辑的内容准确性的争议，但如果所列出的资料来源可以被审查及确认，则其内容也会受到一定的肯定。截至2013年4月，中文版的维基百科已收录词条数量为688136篇，文件33260个，页面总数为2914923个，总的编辑次数为27132662次，注册的会员达1408201人。毫无疑问，维基百科已成为全球最大、发展最快的网络百科全书。

（三）优势特点

1. 开放性

维基百科最明显的优势特征就是它独具特色的开放性。它的开放性表现在两个方面：一是生产的开放性，即编写词目的开放性；二是审查的开放性，即修正错误的开放性。传统的纸版百科全书的编写只是通过聘请专业的专家学者来进行，编写过程耗时耗力。而维基百科彻底改变了这一点，它各项内容材料实行完全"开放"，世界上所有的人，只要用一台网络终端服务器，在其网页上进行注册就能进行每一个词条的编写与补充。这好比是一块面向所有人公开的黑板，所有人都能在上面添加、删除或补充。而对于最终的用户来说，所展现给用户的最终词条他们完全不清楚是由谁来编写的。实际的情况是常常一个简单的词条往往经过上百甚至更多的人进行不断修正与补充。

35

完全开放性的词条编写模式也使维基百科内容的准确性与真实性存在风险。在维基百科的首页，就有很明确的免责声明，它并不保证其提供内容的绝对准确与真实。这就意味着用户自己在选择使用维基百科时，必须自己承担使用后的全部风险。尤其像敏感的医学知识，维基百科处理得更加谨慎，这种人命关天的医学知识，维基百科不会轻易给出医疗救治的任何建议。维基百科由于其开放性编写词条而引起的风险问题，同样也能得到其开放性审查的解决。维基百科在完全开放用户编写词条平台的同时，也会吸引更多发现错误的眼睛。实际的情况是由一个或几个人编写出的词条，通常会有来自上百人的质疑与修正。维基百科的开放性吸引了足够多人的关注，通过汇集大众的思想，又能接受更多大众的检阅。通过全员参与的开放性来铸造与保障每个词条的权威性，这正是维基百科成功的最大秘诀所在。

2. 大众编撰

传统纸版的百科全书是依赖专门的专业学者团队的智囊团，所利用的资源相对有限。维基百科彻底改变了传统百科全书编写过分依赖专有智囊团的情形，它的开放性使得所有的人都能参与其中。它通过提供免费的网络编写平台，鼓励有意愿的大众积极参与到每个词条的编纂过程中来。这些有意愿的大众在维基百科这样一个网络共享平台中，没有很严格的限制，只要通过简单的合法注册都能参与到编写过程中。相比传统百科全书智囊团式的编写模式，维基百科利用的是集体的智慧，潜在的编辑者与用户组成巨大的"劳动力市场"。

3. 免费共享

纸版的传统百科全书因其编写过程需要支付高昂成本，印刷成册也需要一定的成本，百科全书生产商将不得不通过市场回收各项成本。这项成本最终将加诸读者，市场的盈利化也决定了传统的纸版百科全书是一种昂贵的消费品。相比之下，维基百科以互联网络为平台，读者只需要一台网络终端机就能随时随地免费阅读与使用所有的条目，而且维基百科还允许用户不受局限地复制与修正相关词条，只要他们在网络上合法注册。维基百科的所有词条均来自广大用户的自愿原创，这是它得以实现免费共享的内容基础。同时，作为负责管理维基百科的组织机构，维基媒体基金会也是以一种非营利性组织的形式出现的。这个组织不像传统百科全书一样面临付出高额成本回收的问题，使得免费共享维基百科中所有资源成为可能。

维基百科这种完全免费共享的特点，唤起了人们对"知识乌托邦"的憧憬。维基百科开创了一种新型的经济运行模式，这种模式以信息的充分共享与个体的充分信任合作为基础，也将引领网络经济向更高级的形式发展。

4. 动态更新

对于传统百科全书而言，一个词条一旦编写完成付梓，一般是不会再被重新改写与更新的（或者更新的时间会比较长，例如《中国大百科全书》首版的编撰花费了 15 年的时间，再版的推出也历时 11 年之久），是一种静态的模式；而维基百科完全的开放性与充分的共享性使得每个词条可以时刻被改写与完善，词条的含义永远都能跟上时代的步伐，如维基百科对于"H7N9"、"地震"等的实时响应。它是一种实时更新的动态模式，正如创始者威尔斯所言："维基百科永远不会完成。"

5. 中立观点

维基百科词条编写的开放性使得任何一个自由的个人都能参与到同一词条的编写过程中来。当编写同一词条的个人之间的意见不一时，矛盾与争论就产生了。维基百科的运行机制能很好地解决这种意见不一的问题。为了避免像网络自由论坛中争论不休的情形，维基百科要求在编写词条时采用中立的观点，每每遇到意见不一时，它采取的策略是尽量去描述一个客观的事实，而不是立足于某一方的立场，比如它不会直接断言谁是正确谁是错误的，它只会描述性地叙述"大多数人认为是正确的"或"少数人认为是错误的"这一基本的事实。维基百科多元化开放的特点就决定了它必须能包容所有人的观点，在其中文网站的首页就能清晰地看到"海纳百川，有容乃大"的醒目字样，采取中立观点的策略恰能保证其"海纳百川"的包容性。

二　Kiva——让普通人开"世界银行"

Kiva 的诞生源于"穷人银行家"——孟加拉经济学家穆罕默德·尤努斯。他在孟加拉创立了农村银行，以低息向社会最底层的穷人提供小额银行贷款。后来这种模式发展到网络上，通过互联网络将放款人与借贷人联系在了一起，让他们直接面对面地商讨贷款事宜。

（一）诞生信念

金融界的精英们都清楚，P2P（个人对个人）的融资模式是一件很不靠谱的事情，而跨越时空国界给境外一个完全陌生的人贷款看起来更像是天方夜谭。Kiva 的诞生却使这些商业精英们所认为的空想成为现实。Kiva 是一个提供在线小额贷款服务的非营利组织，通过他们的网站，你可以把钱借给那些急需资金的穷人。Kiva 的使命是联络人，通过贷款减轻贫困。Kiva 使个人借钱给世界各地的企业家。通过小额信贷与互联网相结合，Kiva 正在创建一个链接——贷款人的全球社区。

Kiva 诞生了以下信念：人们受到大自然的慷慨，在一个透明的社会里，人们有责任让其他人受益，也有机会从其他人那里获益。通过链接我们可以创造超越人们的金融交易关系，并建立一个全球性的社会表示支持和互相鼓励。

（二）运行机制

信息的完全透明化是 Kiva 在线银行取得成功的关键。在 Kiva 的网页上，所有放款人以及申请贷款者的信息都公布其上，贷款人通过了解放款人的相关信息向其提出贷款申请，而放款人则同样通过网页全面掌控和比较不同申请人的背景、贷款目的等信息，自主地选择贷款人。正是这样一种信息透明化的运作模式使得 Kiva 在线银行成为吸引底层普通民众的一种小额融资方式。

除了在放款人与申请人最初相互选择时公布信息，Kiva 还会跟踪贷款者对贷款资金的使用状况，并定期将详细的信息公布在网站上。这样放款人就可以通过网站实时更新的公开信息随时了解借款人的情况。这种信息高度透明化的做法一方面使得贷款人能自觉进行自我约束，合理地利用贷款资金，并按期按量偿还，因而贷款人的信用度通常非常高；另一方面借款人实时动作的真实反馈及其较高的还款信用，也让放款人承受很低的风险，并能感受到一种安全感与满足感。Kiva 的这种近乎慈善事业的贷款模式受到了许多国家或地区的欢迎与好评，许多国家的相关机构也在着手构建同样的小额贷款模式。

（三）优势特点

1. 慈善的运营方式

Kiva 产生的理念是提供一个公共的平台，让有能力给予帮助的人与需要帮助的人直接互动对话。Kiva 的初衷就是要给需要帮助的人们提供便利，这在一定程度上就决定的 Kiva 将以非营利的慈善方式来对需要帮助者提供资金。在 Kiva 的网络平台中，资金的来源往往是一些普通的民众，他们有一定的闲置资金，数额 100—1000 美元不等。他们并不在乎这笔小额资金带给他们的利息回报，这样就可以在最大限度上降低借款者还款时的利息。但他们在乎的是通过帮助他人来给自己带来满足感和成就感，因此他们往往关注的是来自借款人对资金使用的信息反馈，而并不是资金的贷款利率有多高。Kiva 的运营理念近乎一种无偿的慈善方式。

Kiva 通过一个网络平台将资金需求者与资金供给者联系起来，其运营与维护是需要成本的。而 Kiva 的慈善非营利模式注定了 Kiva 的组织管理机构不会从每项贷款交易中收取中间费用，这就使得 Kiva 的生存缺少基本的经济支撑，那么 Kiva 是如何存活下来的呢？实际的情况是 Kiva 本身的运营成本不算很高，而能参与到 Kiva 中来提供资金来源的人通常也不十分在乎经济回报，他们期望通过 Kiva 能帮助更多需要帮助的人，来成全他们的满足感。因此，很多资金提供者都愿意无偿地对 Kiva 进行无条件捐助，希望 Kiva 能够发展壮大，给更多人提供帮助。

39

2. 降低贫穷的门槛

据不完全统计，全球将近有 1/4 的人口平均每天可支配的支出在 2 美元以内，他们长期生活在一种贫困的环境中。他们之中的大部分人都在积极努力试图改变当前贫穷的生活状态，效果甚微。他们之中只有极少一部分能通过自身独特的天分与巧合的机遇脱离苦海。原因在于穷人要实现同样经济回报需要比富人支付更多的边际成本。这好比富人们可以以一个正常的利率通过银行贷款一笔项目启动资金，作为自己创业回收经济效益的资本；对于穷人而言，由于其信用评级较低，也无任何可抵押物为其进行贷款担保，他们是不可能通过正规渠道在银行贷到数额可观的资金作为未来自己创业回收经济效益的资本的。每当他们需要贷一定数额的资金时，面临的抉择只有高额利息的贷款，这种利息通常高达 80%—800%，投资后的收益很难弥补贷款的利息。因此，对于这些处于贫困中的人们而言，在努力成为富人的道路上摆着一道非常高的门槛，只要能迈过这道门槛，富人的生活指日可待，迈不过只能永远守着贫穷的生活。

Kiva 的建立就是致力于帮助穷人。它可以通过网络平台给每个需要帮助的家庭提供足够的启动资金，而不去计较资金的利息。这些穷苦的家庭一旦有了启动资金就能挣钱养家糊口，继而让孩子接受教育、支付医疗费用，过上自给自足的生活。因此，Kiva 这种小额贷款的模式可以帮助穷困家庭通过自身的努力逐渐过上富裕的生活。

三 社区支持农业——合作新思维推动有机生活

（一）产生背景

社区支持农业（Community Supported Agriculture，CSA）的理念最早产生于德国，是一种都市社区与农村合作进行农业生产的新兴生态型农业模式。CSA 大规模的产生是在日本。当时日本的城市居民担心日益膨胀的食品安全问题危及自身的健康，他们决定同最初的农业产品生产者们进行长期合作。他们提供部分资金资助农村的食品原料生产者，使农业生产者们有足够的资金进行安全食品的生产；作为回报，农场主将定期收获的新鲜农产品提供给城市消费者。这种长期的社区市民与农场主合作生产的经济模式在日本得到了广大认可，在之后的短短几年内，日本有机农产品的生产达生产总量的 50%。这种模式随后被北美和欧洲采用，并逐渐发展成熟。如今，CSA 在亚洲包括中国也都得到一定程度的发展。

（二）概念及内涵

社区支持农业注重农业生产者与城市居民消费者之间的紧密互动与有效合作，是一种新兴的生态型都市支援农业生产的模式。CSA 模式中城市社区为农场主的生产活动提供资金保障，农场主则按约定进行合乎生态标准的农产品的生产并将其提供给社区消费者。这是一种农场主与社区居民之间共享利益、共担风险的农业生产与运营模式。首先，城市社区消费者需要在农业产品的整个生产过程中定期支付一定的生产费用，成为农产品生产的股东之一，并且要与农场主共同承担由于天气、自然等原因引发的生产风险，在生产完成的最终环节成为所有农产品的消费者，享受其成果；其次，农场主需要按照约定进行合乎生态要求与有机标准的农产品的生产，要保证在农产品的生产过程中不使用化肥、农药、锄草剂、催熟剂等化学药物，完全采用人工的方式对农作物进行照看与维护，保障整个生产过程的可持续性，最终生产出有益于健康的无公害食物。

（三）创新机制

作为食品网络创新的 CSA 模式实际上只是一种农产品安全信息不对称条件下的小众化解决方案。这种新型商业模式调动了分散的社会资源（如创造力、技能、知识和企业家），是当前一些问题的有效解决办法，也是实现可持续发展的有效步骤。CSA 在乡村建立生态农场，发展地方作物满足公众消费需求，不同于传统农场和消费模式。

41

1. 创新生产

CSA 中消费者和生产者联系密切。CSA 吸引很多社区去生产或参与生产过程，有的社区组织市民在自己家或利用城市中的废弃土地种植蔬菜，不同于单纯依靠农民种植的传统模式。实践使用有机肥料避免杀虫剂的生态、有机或生物农业，减少环境影响，创新生产模式。

2. 创新销售

CSA 有多种创新的销售方式。如农夫市集、网店等。农夫市集旨在建立一个平台，让从事有机农业的农民与消费者交流。由参与生态农业的团购消费者发起，农民将自己种植的蔬菜和其他农产品直接拿到居民区销售。网店满足了现代人上网的需求，除了便捷的在线购买和送有机食品上门，还可以了解相关的信息。

3. 发送

很多 CSA 农场采用箱式计划发送新鲜蔬菜。通常将有机生产的当地作物直接送到消费者手中或地方集散点。CSA 参与者常住在农场附近，便于去农场取份额。成员通过通信、访问、参与农场劳动等积极参与种植和发送过程。

4. 创新服务

除了有机食品餐厅，现在 CSA 创新服务包括现场教育、农业观光和现场活动，诸如小毛驴的木工房、开锄节、农夫市集等。近来农业观光在农场发展迅猛，结合"农家乐"、现代农业教育旅游等系列活动，形成了一种可持续发展的新商业模式。

5. 创新购买

CSA 发展会员制模式下的预付费模式，价格由生产者和消费者民主讨论协议，共同承担风险和回报。作为创新购买方式的团购，是由一些消费者联合从生产者或大的零售商手中享受购买食品和其他日常用品的折扣。

四 "沙发漫游"——我把信任交给你

（一）产生由来

"沙发漫游"是时下当红的廉价自助游网站，它为旅游者提供了免费旅行住宿的可能。只要旅游者成为该网站的注册会员，他将会结识到来自世界各地的旅行者，只要愿意到他们所在的城市，他们将负责旅程中的住宿安排。虽然有时提供的仅仅是沙发或打地铺，但却能把世界各国的陌生人连结成线。多数网友都认为，这样的旅行对文化交流有促进作用，也提供了机会让他们重新思考自己的生活与人生。

（二）开展流程

以"沙发客网"网络平台提供的互助旅游服务、会员制度等为依托，目前的沙发漫游主要有三种出游方式。

1. 一对一互助

一对一互助是指异地的两名沙发客通过"沙发客网"网络平台进行沙发互助。如住在 A 地的甲和住在 B 地的乙，均是取得认证的两名沙发客会员。甲想去 B 地旅游，他在论坛中通过"我有沙发"板块搜寻，决定请求 B 地乙的接待。如果甲、乙两人之间已有多次互动，并对彼此有一定了解，两人只要沟通好时间，是否可以提供沙发、餐饮、陪同等事宜，便能商定见面接待了。如果甲、乙相互不认识，平时未有交流互动，那么甲可以通过跟帖留言、站内信、留言板等其他联系方式主动与乙取得联系，双方达成一致后，甲在 B 地出游便可得到乙的帮助。出游结束后，甲、乙双方到论坛上对对方进行认证和评价，到此一次沙发旅行就完成了。若日后乙到 A 地旅游，甲可根据自身情况提供相应的帮助。这样，甲、乙可能经过两次沙发旅行成为好朋友。这也是最为典型的沙发旅行方式。

2. 结伴出游

结伴出游是指同城或异地的若干沙发客经过商定，一起到第三地去，一般可有单一目的地和多个目的地。通常情况下，结伴出游的方式需要在"相约同行"板块确定结伴出游人数，继而根据单一目的地或多个目的地在"我有沙发"板块进行大量搜寻沙发。如果目的地没有合适的沙主接待，结伴出游的沙发客可共同协商出游事宜，自行解决食宿问题，或再继续与目的地其他沙主联系；如果目的地有沙主可以进行接待，发起同游的沙主主动与各目的地沙主联系，沟通完毕后，按约定的时间到约定的地点与沙主碰面，离开当地要及时将行踪告知上一任沙主。沙旅结束后，同样要在"我的沙旅"发帖，并对提供接待服务的各沙主表示感谢及认证、评价。

3. 异地和同城聚会

聚会一般指参加人数较多的大型聚会活动。异地聚会一般由某地沙主发起活动，邀请其他地区的沙友前来参加，举行次数较少，活动持续时间较长，影响较大。对沙发客而言，要召集这样的聚会活动在操作上有一定难度，一般要有特定的主题。同城聚会一般是本地沙主为加强联络或迎接外地沙发客到访而举行的聚会，举行次数较多，活动持续时间较短，在有的城市可能成为常规活动。通过"沙发客网"平台，各大城市已举办过不同主题的聚会，加强了沙友之间的互动交流，尤其是蔚蓝沙发客的聚会，参加人数最多，效果最好。其次是已经有过数次沙旅的沙发客之间，随着异地或同城聚会的举行，圈子越来越大，参加人数越来越多。

（三）沙发特点

1. 成本较低

通过沙发旅行可节省的开支多表现在住宿费用方面。据相关统计，住宿费用在旅游者的旅行开支中是一个大头，尤其是法定节假日出游时，住宿费用更是一个庞大的开支。而通过沙发旅行一般可以享受到免费的住宿，就算沙主不能提供沙发，但也可以提前预订当地性价比最优的住地，也可为沙发旅游者节省不少旅游成本。

2. 行程灵活且弹性较大

相对于大众团队游和俱乐部旅游，沙发旅行最为灵活，且具有较大弹性。沙发旅行完全由沙发客自行安排，或在当地沙主建议下做一些调整、更改，享受最舒心自在的旅程。

3. 深度体验

由于沙发旅行自身的性质，故沙发客更能获得深刻的旅游体验。这种旅游体验一是来源于沙发客在出游前对目的地自然、人文等方面所做的"功课"及自身旅游经验的积累，对出游驾轻就熟，有自己一套成熟的体验模式；二是沙主的帮助，沙发客在与沙主的互动过程中能直接深入目的地社区，体验最地道最优惠的食、住、行、游、购、娱。

4. 表现出明显的信任和互惠

正如前文一直探讨的，沙发旅行正是在双方或多方彼此信任和互惠的基础上开展的。通过沙发旅行，通过互访的形式能让彼此在现实生活中有更全面更深刻的认识，同时，结交朋友。当然，这种信任和互惠并不仅仅停留在网络中，而会在现实中渗透，也不会只通过一次沙发旅行就戛然而止，而是促进越来越深入、越来越持久的交往与互动。

第二节　分布式生产

分布式的生产模式是新兴网络经济中最为显著的特征之一。个体以互联网络为平台，通过信息的充分交流互换，自发地组织各种产品或服务的生产。这是一种信息高度共享、高度分工协作的生产模式。

新技术的产生与发展是新兴网络经济中分布式生产产生的根本原因。

首先，以互联网络为主的信息技术的日益成熟为分布式的生产提供了足够的硬件保障。互联网络的发展使得交互个体之间的交互活动不再受时间与地点的限制，在极大程度上突破了时间和空间的限制，人们足不出户就可以完成与大洋彼岸的交易者之间的交易。互联网络使传统的空间概念发生变化，个体生产不再严格依据地理与时间限制而刻意集中起来，出现了与传统实际地理空间完全不同的虚拟空间。这种虚拟空间（或称虚拟社会）的诞生使得处于世界上任何地方的个人或组织，可以不受时间的局限，通过互联技术组成一个有序自发性的分布式生产网络，在网络互联的平台上建立虚拟的各种组织机构，包括社区、公司、商场、大学或研究机构等，并通过透明的网络信息平台，达到各种信息、资源以及智力等的极度共享。

45

其次，在新兴网络经济环境下，新兴制造技术的涌现将对传统大规模集中式的生产产生很大的冲击，生产方式逐步向着分布式的生产方式转变。譬如"3D 打印机"技术就是其中最具典型的代表之一。3D 打印机是利用打印机的原理，一层一层把物体叠加而成，所用的材料可以是各种各样的复合材料，还可以是金属。有学者称3D 打印机是第三次工业革命最具标志性的一个生产工具，它代表着一种全新的生产方式，是一种革命性的制造。这种数字化的制造，将会取代传统的制造业所采用的各种各样的机械，颠覆性地改变传统大规模集中式的制造业生产方式。它不需要那种大规模的流水生产线，因为对于 3D 打印机而言，不论重复打 1000 个一样的东西，还是 1000 个完全不同的东西，对它来说都是一样的。这种数字化的制造与互联网络相结合，就构成了新兴网络经济下独具特色的生产方式——分布式生产。

新兴网络经济中分布式的生产方式有其独具特色优势，代表了生产方式发展的崭新方向。分布式生产可以造就生产者的个性化产品生产，同时也能满足需求方多样化的产品需求。在这样一种分布式的生产网络中，个体是来自不同分工领域人员的集合，通常能涵盖最为广大的社会群体，主体规模巨大，类型纷繁多样，这也造就了产出产品与需求的多样化。在这样一个信息共享与互联的网络中，个体通常同时具有生产者与消费者的属性，他们以自身优势去创造具有个性化的产品或服务，以此来吸引其他个体的需求，与此同时也在网络信息平台中找寻其他个体的个性化产品来满足自己的需要。因此，个体在造就新兴网络经济的同时，分布式的生产网络也在改变着参与其中的个体。分布式的生产网络通过提供一个大众信息共享的平台，让所有参与者能够通过充分的学习和交流不断相互学习、相互改进，提升个体从事生产劳动的相关技能，为每个个体发挥创造性提供了广阔的舞台。

与传统生产方式相比，新兴网络经济中分布式生产可以在很大程度上节约生产成本。在网络组织形式方面，新兴网络经济中分布式的生产者可以共享固有资源，共享资源的生产者越多，生产产品对共享资源的分摊成本就越少。与网络经济外部的生产者相比，分布式的生产者就具有相对的成本优势。考虑到分摊固定成本的压力，单个生产者由于受到产量的限制，以固定资产进行专用性投资的激励不足。就固定成本的分摊问题，分布式生产者较传统一体化生产者更具优势。当前很多大范围内的合作性研发网络实体（如维基百科、Google 可视地图）采取一种全民参与、贡献智慧的合作形式。分布式的个体生产者，各具独特的专业与信息优势，以网络组织的形式把他们联系起来之后，通过技术合作、信息共享，可以使整个实体具有更高的专业化水平，可以以更低的成本获取关键的信息，从而降低整个网络经济实体的生产成本。在新兴生产技术引进方面，譬如 3D 打印机，一旦这种技术开始大规模普及将会造成：第一，直接从事生产的劳动力就会不断快速地下降；第二，这种新工艺可以满足个性化、定制化的各种需求。这对于传统经济来说，可能是一个极大的冲击。大规模集中化生产的追逐低劳动成本的趋势将成为过去，新兴的生产技术将会使得生产单个产品的生产成本与大规模生产的单个产品的成本相差无几，集中式生产的成本优势逐渐丧失，以新兴生产技术为支撑的分布式生产将成为未来的主流发展方向。

第三节 信任式合作

信任式合作体现的是新兴网络经济中个体之间互动相联关系，也是新兴网络经济最根本的特征之一。个体的生产者在以互联网络为基础的信息平台上，自愿分享个体私人信息，以诚信互换达到集体信息的公开共享，并以自觉信任为核心的约束力量，在网络声誉评价机制的指导下选择合适交互对象，进行合作交互。

47

互联网络带来的最大影响就是信息资源的共享。有力的互联网络硬件基础为新兴网络经济中个体寻求更加充分的信息共享提供了保障。新兴网络经济环境下，个体逐渐认识到只有通过集体信息的不断共享，才能方便你我，达到交互者之间互惠共赢的圆满结局。随着网络信息技术进一步深化与普及，每个参与个体的这种渴求共享的意识不断增强，就会产生需要相互交换信息以获取更多信息的诉求。与此同时，网络声誉评价机制的有效建立以及声誉信息的及时披露，使得个体在互联网络上以诚信换诚信，通过分享个体私人信息而达到集体信息公开共享。信任式合作的交互方式便在新兴网络经济的环境中诞生了。

新兴网络经济中信任式合作的交互方式能够有效地节约个体交互过程中的交易成本。互联网络使市场资源配置不再受到市场门户的限制，信任合作式的交互方式也将使得市场资源信息成为合法大众集体的共享信息。新兴网络经济中信任式合作的特点可以在很大程度上激发参与个体最大限度地发挥其独具特色的创造性。参与个体作为新兴网络经济中的生产主体，信息充分共享式的信任合作模式是群体智慧或大众智慧集合的一种形式，是将一般"劳动力市场"中的众多个体有机联系起来，通过使之在一个合作的环境中充分地互相学习，不断地激励和提高大众智慧的整体水平。以对等诚信而互联的网络个体是新兴网络经济中的主体，出身背景不同，有着不同的专业，阅历经验也往往不同，因此他们能在生产活动的各个方面相互交流和互补，可以提供更多创造性的元素，有利于创新产品和服务的产生。另外，信任式合作给新兴网络经济构造了灵活多变的组织结构，这种组织结构有利于个体间的交流与碰撞，有利于创造性内容的产生。信任式合作的交互模式就是推动信息整合、知识创新的一种最佳形式。

第四节　以诚信对等网络为载体

48

新兴网络经济是以互联网络为基础，以分布有序的形式组织生产，以充分的信息共享与信任合作为交互准则，在传统网络经济信息平台上进化而成的更具时效性与低碳性的高级经济模式。它是以诚信对等网络为载体的，这是由分布式生产与信任式合作的特点决定的。

新兴网络经济是在传统网络经济模式上进化发展而来的，以互联网络为载体的本质没有改变。与传统网络模式相比，新兴网络经济模式将更具时效性与低碳性。时效性体现在其载体网络的互联范围更加广阔、内容更加深入，强调个体成员之间以及个体成员与组织之间的关联互动。新兴网络经济中全球开放性、资源共享性、多元性、自由性等基本特征，使得在全球范围内经济资源的配置不再受到地域时空的限制，以高度信息共享的网络载体也将使得全球经济资源信息集中汇成大众的共享信息，这样可以保证有限的资源以最优的方式配置到最需要的地方去。同时，互联网络使个体生产者更好地适应网络交互市场的变化，提高个体经济活动中每一个环节的效率，降低个体经营成本，提高了交互效率。低碳性则表现在以信息网络为载体的新兴网络经济中的交互活动一方面减少了环境污染和自然资源的消耗，增加了经济可持续发展的能力；另一方面，使得交互个体之间的交互活动不再受时间与地点的限制，在极大的程度上突破了时间和空间的限制，大大提升了经济活动的开展效率。这个特点在后文将作更为详尽的论述。

分布式生产的特点决定了新兴网络经济中个体是生产者的同时也是需求者，在其生产产品或服务提供给其他个体的同时，也会向另外一些个体买入所需要的相应产品或服务，个体生产者与个体需求者之间并无明显的界限。在新兴网络经济环境中他们的身份与地位是对等的。这样一种对等的关系更能激发分布式的个体生产者依据自身优势进行生产活动，也有利于个体间平等自由地进行信息共享与合作。信任式合作的特点则要求新兴网络经济中的个体要以诚信的基本心态来与其他交互者进行交互。合作是基于信任的基础，信任的基础是交互双方必须诚实守信。新兴网络经济中也会建立相应的诚信约束机制，通过不断地动态更新交互者的声誉水平来约束交互者遵守诚信的交互原则。这种基于诚信的合作方式更有利于个体分享私人信息，达到集体信息的充分共享，实现经济的高效运行。

49

因此，分布式生产与信任式合作的特点就决定了新兴网络经济是一种基于诚信的对等网络。

第五节　低碳

高度的低碳性是新兴网络经济赖以存在与发展的最主要原因。新兴网络经济作为一种全新的经济模式，与传统的市场交易相比，其经济运行方式更能符合低碳经济可持续发展的理念。首先，新兴网络经济中个体之间的交互通常是供需双方的直接面对面交易，省去了诸多中间流通环节，以最为简省的方式完成经济生产的各个环节，这样一来就避免了传统经济模式中间环节对自然资源的消耗以及中间排放物对环境的污染，这在很大程度上增加了经济的可持续发展能力。传统的工业经济发展模式其主导思想是最大限度地发掘和占用自然资源的粗放型生产方式，把经济的暂时发展放到首要的位置，而忽视盲目生产造成的物质资源的浪费以及大量废弃物排放造成严重的环境污染，危及人类的长期发展。传统工业经济发展至今，社会各界已深感其高速发展带来的社会弊端，呼吁要进行新的经济方式的变革，进行粗放式生产向集约式生产转变。而新兴网络经济的产生正好迎合了这种变革的内在需求。新兴网络经济充分利用信息技术发展带来的成果，将以新型的电子流、信息流取代传统经济模式中的人、财、物的实物流，通过充分的分布式生产互联与透明的信息互动合作，很大程度上简化了交互的流程，减少了对自然资源的严重依赖。以信息科技为依托构建分布式的生产网络，以全新的互利共享与信任合作为指导的交互模式，新兴网络经济体现了人与自然、人与社会更为和谐的深刻认识，能在很大程度上推进整体经济的可持续发展。其次，新兴网络经济的发展使得交互个体之间的交互活动不再受时间与地点的限制，在极大程度上突破了时间和空间的限制。这种分布式的生产网络具有前所未有的开放性，将在世界范围内为每个有意愿的个体创造更多的交互机会。同时，分布式生产还重新定义了传统的商品流通模式，让生产者直接与消费者沟通，大大减少了商品的中间流通环节，这种供需双方直接的交易模式将大大提升社会经济的运行效率，也必将在很大程度上改变整个社会经济运行的方式。

除此之外，新兴网络经济是在信息充分共享、在对等合作的网络交易环境下进行的，经济运行的机理很好地映衬了低碳经济发展的内在要求。新兴网络经济模式中，交互的个体只需一台电脑或手机，通过强大的分布式生产网络的互联，在信息充分共享的信息平台上选择各自的交易对象。他们通常只需要轻轻点击鼠标或简单地滑动手指就能完成一系列的交易过程，完全免去了实体经济中店铺对电能的消耗与浪费。网络的互联使得交互双方足不出户就可以完成各种交易，完全省去了传统经济模式中往返于商场与居住地之间的时间消耗。

本章小结

本章介绍了当前盛行的几种新兴网络经济的实体——维基百科、Kiva 银行、社区支持农业以及"沙发漫游"等。通过分析它们的产生、发展及特点，归纳总结出新兴网络经济的四个最主要的特征，即分布式生产、信任式合作、以诚信对等网络为载体，以及高度的低碳性，并作为后文研究的基础。

第四章　新兴网络经济的生产方式

——分布式生产

　　新兴网络经济中新技术的发展与新观念的萌生将使得单个产品生产成本与大规模生产的单位产品成本相差无几，大规模集中式的生产向分布式生产转变。本章将运用规模经济理论从不同的角度来分析分布式生产存在的环境与产生的条件，并对分布式生产网络的组织性质进行分析，突出分布式生产产生的理论基础与必然趋势。

第一节　规模经济理论的层次解析

　　自亚当·斯密提出专业化分工形成规模经济以来，不同的经济学派对规模经济的理解各不相同。本章将依次分析古典经济学、新古典经济学以及新制度经济学对规模经济的解释。古典经济学是从比较粗浅的感性层面来认为专业化分工促进生产率提升进而形成规模经济的；新古典经济学是从成本收益分析入手，运用边际收益递增的逻辑推理合理地诠释规模经济产生的根源；新制度经济学则是从交易费用理论的角度来看待规模经济的，认为规模经济的存在是因为相比市场调配而言在此规模经济的规制中，交易费用是节约的，当内部交易费用与外部市场中的交易费用所差无几时，经济的规模达到最大。不同学派依据不同理论所得出的合理解释使得规模经济理论呈现出了一定的层次性。

一 古典经济学的解释

规模经济的概念最早源于亚当·斯密的《国富论》。亚当·斯密认为市场的分工与专业化的生产是规模经济产生的主要原因。以亚当·斯密为代表的古典经济学的基本逻辑是，分工带来的专业化导致技术进步，技术进步产生报酬递增，生产效益的递增导致生产规模的扩大，生产规模扩大又进一步促进生产环节的再分工，这是一个不断循环的过程。企业生产规模的扩大会使企业产生一种规模经济效应，产生这种效应的原因主要有以下几个方面：（1）专业化将提升生产效率。在小规模的生产企业中，一个个体生产者可能会同时兼任好几份工作，效率低下；而在较大规模的企业中，个体生产者可以通过专业化的分工合作，每个工人只专门从事一项工作，学习效应将使得每个工人对从事每项工作的生产技术熟练程度不断提升，大大提高了整个企业的生产效率。（2）先进设备与技术的引进。对于小规模生产的企业而言，其不可能在专用设备上进行较多的固定资产投资，通常只会采用一般性生产效率的生产设备，而对于大规模的生产企业而言，其实行大批量的生产，设备与技术引进的固定资产投资可以分摊到更多数量的产品上，同时由于企业规模庞大，其也有经济能力来完成对先进设备的购入和先进技术的引进，从而在更大程度上提高劳动生产率。（3）生产要素的不可分性。对于某些特殊的生产企业，进行生产的固定投资相当高，比如电网，基本的生产要素不可以细分为细小的单元，只能通过大规模的投资与生产来实现。此外，还存在着一些其他方面的因素，比如大规模生产有利于大规模地进行各项经营活动，可以实行大量销售与采购，可节省销售与采购费用等。

由于受历史时代所限，斯密等古典经济学家关于分工和专业化的思想在很长一段时间内没有被以后的经济学家高度重视。

二 新古典经济学的解释

对于规模经济新古典经济学的解释最被学者接受与推崇，并被写入经典的教科书中，得到广泛流传。它解释的核心思想是通过构造一对生产产出函数与生产投入函数，运用数理的概念来科学理性地理解规模经济，通过假定其他条件不变，考究生产产出随生产投入变化的规律来定义规模经济。理论的分析有三种结果：第一种是生产产出的边际规模收益与生产投入的边际成本相当，即生产规模的变化不会对产出及成本造成影响，即规模收益不变；第二种是生产规模的扩大带来的却是生产产出的减少，而使得单位边际成本增加，即规模收益递减，产生规模不经济效应；第三种情况是随着生产规模的扩大，产出增加，使得单位产品的边际成本降低，即规模收益递增，产生了规模经济效应。因此，新古典经济学中认为规模经济产生的根本原因是边际报酬递增。

53

首次提出规模经济概念的是英国经济学家阿尔弗雷德·马歇尔（Alfred Marshall，新古典经济学派的奠基人），他认为规模经济的实质是边际报酬的递增。他特别强调"组织"对于经济生产中的重要作用，并把组织也看成一种重要的生产要素，提升到与土地、劳动和资本一样的高度，强调组织的演进对经济规模的重要性。其在著作《经济学原理》一书中将规模经济效应划分为"内部规模经济"和"外部规模经济"两类。内部规模经济是指经济实体在规模变化时分摊到每个产品的平均降低而引起的收益增加；而外部规模经济则是指整个行业规模的变化使个别经济实体收益的增加，它取决于整个行业的整体发展情况。社会经济条件、生产技术水平以及自然资源的限制等因素均对企业扩大规模后的经济效益产生影响。对于生产企业来说，其最佳的生产点在于取得最佳经济效益的合理规模及其制约因素和各种不同规模经济之间相互联系的配比。

对于规模经济的论述，以马歇尔为代表的新古典经济学派已经做了很完备的研究。尽管如此，面对实际生产活动，新古典经济学的这套理论却不能很好地解释一些问题，譬如，同样规模的生产企业，在进行同种产品的生产时却存在着不同的规模经济效应；再如，有些生产企业通过扩大规模获得了规模经济效应，但另外一些企业却没法通过扩大规模获得相同的效应。马歇尔学派对规模经济更多地是一种解释性描述，却没有用它来说明与解决经济学中的一些问题。

三　新制度经济学的解释

以马歇尔为代表的新古典经济学忽略了市场交易中的费用问题。科斯的研究恰恰弥补了他的不足。科斯在其著名的论文《企业的性质》中，首次提出了"交易费用"的概念，指出交易活动是具有稀缺性的，是可以通过相互比较来进行成本计量的。科斯通过这一突破性的假设，创造性地将"交易费用"的概念引入正统经济学的分析框架中，开创了经济学研究的新视角。科斯巧妙地运用"交易费用"的观点论证了企业存在的根本原因。在科斯眼里，企业与市场本质是一样的，都是对经济活动的一种规制与安排。不同的是，在"企业"这样一种规制与安排中，企业内部的行政管理力量将以一种"权威"式的命令来组织与安排各项经济活动，这种"权威式的安排"会减少交易过程中的摩擦，为企业节省交易费用；在市场活动中，这种权威式安排是不存在的，相比企业规制而言，单纯地以价格机制为导向的交易活动都是需要支付相应的费用的，包括获得市场信息、谈判签约以及合同实施等，因此企业相比市场而言更具节省交易费用的能力。所以，科斯的基本观点是企业是市场价格机制的替代物，企业存在的根本就是它能在一定程度上取代市场规制，节省交易费用。他也从交易费用的角度确定了企业存在的最大生产规模，企业存在的价值就是为了代替市场节省交易费用，当企业生产规模扩大使得企业内部交易费用与市场交易费用所差无几时，企业已达到最大的规模经济，再扩大生产只会导致规模不经济效应。除此之外，科斯还运用交易成本理论对企业合并的问题进行了科学的解释。他认为，企业间的合并实质是将先前外部市场化的交易进行内部化的过程，决策企业间合并与否的关键在于判断合并前后组织交易费用变化的约对值，若交易费用是增加的，则合并决策不成功；反之，则合并决策成功。

科斯的《企业的性质》发表后曾长期遭受冷落，新制度经济学的"命名者"奥利弗·E. 威廉姆森（Oliver E. Williamson）认为，尽管科斯指出节约交易费用对企业存在的意义，但对交易费用产生原因的论述是模糊的，"解释这些节约是如何和为什么实现的基本因素是不完整的，科斯对于内部化组织为什么没有全部替代市场问题的解释更是不完整"。威廉姆森（1973）认为，经济组织问题的关键就是设法将影响交易费用的一组人的属性因素同与之相关的交易因素联结起来。于是，他在机会主义假设的前提下，从资产专用性、不确定性和交易发生的频率三个维度分析市场与企业规模。三个维度中，资产专用性的影响最大，它是指资产的不可重新部署的特性，具有高专用性的资产难以在不发生价值损失的条件下转移给另一个生产者或者转为另一种用途。交易的不确定性指交易可能受到难以预料的扰动，这就需要交易双方灵活地适应新的变化。交易的不确定性与资产专用性都起着增加交易成本的作用。当资产具有高专用性，交易双方的相互依赖程度就会加深，因交易的不确定性导致的双方适应不良会引致较大的交易成本。交易发生的频率则与可能的交易成本成反比。因为交易频率的增加会减少交易双方的机会主义行为，进而降低交易成本。

从 20 世纪后半叶开始，随着大规模生产技术、远程信息沟通与运输成为可能，企业的规模迅速膨胀，企业治理结构和组织形式日趋复杂。经过长时间的视而不见后，美国著名生产者史学家钱德勒在其著名著作《看得见的手》中论述了管理水平替代市场的作用，他认为企业通过管理的协调能比市场机制产生更高的生产效率。新制度经济学派的交易成本理论阐明了生产者代替市场机制组织交易条件下，管理对规模经济的贡献。可见，交易成本理论不仅是现代生产者理论的核心，同时也是规模经济理论的重要发展。

第二节　分布式生产存在的环境

分布式生产是存在于新兴网络经济中的一种生产方式。分布式生产的产生模糊了传统企业与市场的界限，它生存在一种介于市场与企业之间的网络组织环境中，在这个组织中实现生产信息的充分共享与交互的信任合作。本节对这种网络组织存在的理论依据与意义进行分析。

一　存在的理论基础

从成本和收益的角度分析交易的规制结构问题，确定分布式生产存在的网络环境。

（一）基本假说

科斯认为，传统的市场模式中存在两种主要的规制结构，即企业与市场。根据先前的分析可知，两者对经济资源产生不同的配置方式，在资源配置过程中会产生交易成本与交易收益。用 C_f 表示企业在进行内部组织资源调配过程中的管理成本；用 B_f 表示企业内部组织资源交易的收益；用 C_m 表示市场规制中的交易成本；用 B_m 表示交易的收益。首先假定市场与企业两种规制均是有效的，即有 $C_m > C_f$，$B_m > B_f$。

笔者定义企业的生产函数 $F(x)$ 是在 R_+^n 上连续且严格递增的凹函数。令 $F(0) = 0$，相应的成本函数 $C(y)$ 则是关于 y 的严格递增凸函数，且 $\dfrac{dC}{dy} > 0$，$\dfrac{d^2C}{dy^2} > 0$；收益函数 $B(y)$ 是关于 y 的严格递增凹函数，且 $\dfrac{dB}{dy} > 0$，$\dfrac{d^2B}{dy^2} > 0$。

（二）分布式生产网络的生存空间

通过以上假设，本书从理论上来分析分布式生产网络存在的可能性。通过在同一坐标系中分别列举画出市场与企业的成本—收益曲线，笔者发现，从理论上而言，可能存在四种不同组织的情况，如图 4-1、表 4-1 所示。

图 4-1（a）中 $B_f > C_f$，$B_m < C_m$，企业的收益高于其成本，而市场的收益低于其成本，此时企业的规制起作用。这与科斯所描述的企业存在的条件相一致，是市场规制的典型形式。

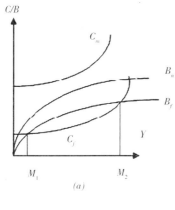

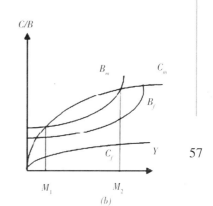

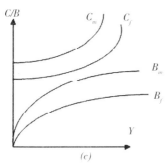

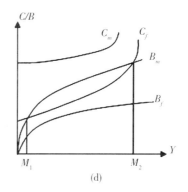

图 4 – 1　规制结构分析

图 4 – 1（b）中 $B_f < C_f, B_m > C_m$，企业的收益低于其成本，市场运作的收益高于其成本，此时市场规制起作用，属于典型的市场规制形式。

图 4 – 1（c）中 $B_f < C_f, B_m < C_m$，且 $B_m < C_f$，企业与市场的收益均低于各自成本，且市场收益低于企业成本。这种情况中，两种规制均会失效，属于不会达到的无用形式。

这里需要详细说明的是第四种情况。在图 4 – 1（d）中，$C_m > C_f$，说明企业内部的交易成本较外部市场的交易成本小，企业存在是有意义的。但是同时又存在 $B_f < C_f$，即通过企业内部规制减少交易成本而带来的收益相比外部市场带来的收益要小，这将决定企业不会轻易进行内部化的组织生产，因为无过多利润可图。而企业要获得这部分利润，必须通过除企业内部与外部市场之外的另一

种规制来实现，即分布式的生产网络。企业通过在分布式的生产网络中相互建立长期合作与信任的关系，并以此来形成一种无形低廉的契约，这项契约有助于通过外部市场来阻止该项交易的成本向下移动。分布式生产网络处于市场与企业的中间地带，可以将市场规制与企业规制各自的优势特点结合起来，使图 4-1 （d）中的双结构经济关系成为可能。在区域 $[M_1, M_2]$ 之间将外部市场的收益优势和内部组织控制成本的优势相结合，构建一种兼具企业与市场二者优势的规制结构就是合理的，这种满足适应性要求的有效整合方式也正是中间性组织能够产生的原因。

表 4-1   四种不同规制结构的成本收益分析

序　号	规制结构名称	判断依据
图 4-1 （a）中 $M_1 - M_2$	企业	$B_f > C_f, B_m < C_m$
图 4-1 （b）中 $M_1 - M_2$	市场	$B_f < C_f, B_m > C_m$
图 4-1 （c）	不存在	$B_f < C_f, B_m < C_m,$ 且 $B_m < C_f$
图 4-1 （d）中 $M_1 - M_2$	分布式生产网络	$B_f < C_f, B_m < C_m,$ 且 $B_m > C_f$

二　来自古典经济学的解释

分布式生产网络不同于市场规制，也不同于企业规制，它是处于两者之间的一种中间性规制模式，是由诸多利益相联的企业缔结而成的网络组织。从古典经济学的角度来说这是一种分工协作的思想。这种分工的思想已经突破了传统企业内部组织部门的限制，与其他企业之间配合分工，这也将在更大程度上提高生产个体的生产能力，从而提升生产力水平。与亚当·斯密经典的分工思想相比，分布式网络中的分工更加彻底，一方面将更有利于培养工人的专业化生产，提高其技术熟练程度，随着学习效应的发挥以及不断加强，工人将能持续保持绝对的生产优势，并最终转化为分布式生产网络中各企业的核心竞争力；另一方面从整个分布式网络组织来看，使得大量先进设备与技术的引进更为容易，可以在更大范围内节省劳动力。在分布式的生产网络中，每个个体生产者通过严密的分工，将绝对地发挥自己的优势，完全从事自己最擅长的业务。分布式生产网络各成员之间摒弃了传统经济模式中"背对背"的竞争，而改以"面对面"合作为主要形式。他们之间的合作，为核心能力的研发和融合提供了平台及共享资源。

三 来自新古典经济学的解释

新古典经济学理论通常应用投入产出的思想来考核企业的生产活动。我们把企业看成是一个"黑匣子"，通过构建生产函数，研究各种生产要素投入下的企业收益问题。新古典经济学中对企业理论的解读思想可用下列函数表示：

$$Q = AQ(L,K) \tag{4-1}$$

$$\max\pi = TR(Q,P) - TC(Q) \tag{4-2}$$

$$即\ MR = MC \tag{4-3}$$

上述函数中，Q 表示生产的产量，L 和 K 表示两种生产要素的投入，A 表示生产的技术条件，π 表示生产企业的总利润。其中，式（4-1）是生产函数的表达式，即产量为生产要素的函数；式（4-2）是企业的利润函数；式（4-3）表示的是企业的边际收益等于边际成本，此时企业将实现利润的最大化。企业是以利益追求为最根本性目的的，企业规模扩大与否的基本依据就是其能否继续赢利，因此在新古典经济学中，决定企业生产规模的条件是边际收益与边际成本的比较，即 $MR = MC$ 是决定着企业生产规模的判断条件。

运用新古典经济学的这种思想来考察分布式生产网络的生产规模问题。我们知道，分布式生产网络是众多生产企业围绕相关产品发挥各自生产优势并承担部分生产环节而缔结的利益共享体，它的存在也是以利润最大化为最终目标的。因此，考虑同样将分布式生产网络看作一个"黑匣子"，也能构建以上所述的生产函数，同理的推导也能得出相同的结论，即分布式生产网络的生产规模也应该根据边际收益与边际成本相等（$MR = MC$）的原则来确定，如图 4-2 所示。

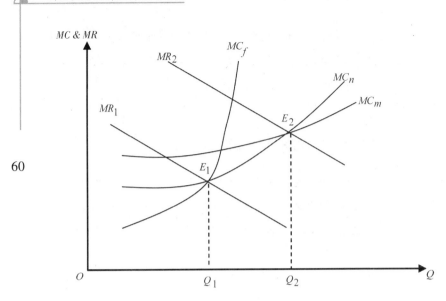

图 4 - 2　分布式生产网络规模的决定条件

在图 4 - 2 中，纵轴表示生产的边际成本和边际效益 $MC\&MR$；横轴则表示的生产产量 Q。MC_f 表示企业规制下的生产边际成本，MC_n 则表示分布式生产网络规制下的生产边际成本，MC_m 表示市场规制下的组织生产的边际成本。MR 表示的是不同规制下生产的边际收益曲线。不论在哪种规制下的生产，生产主体均是以利益最大化为追求目标。通过比较分析三种不同规制的最优生产产量，可以得出以下结论：

首先，当边际收益曲线 MR 处于如图 4 - 2 所示的 MR_1 曲线的左下方时，生产活动通过企业组织最为有效，相应的最大生产产量为 Q_1，即当生产产量小于 Q_1 时，应选择通过企业进行生产；

其次，同理，边际收益曲线 MR 处于曲线 MR_2 的右上方时，生产活动通过市场组织最为有效，相应的最小生产产量为 Q_2，即当生产产量大于 Q_2 时，应选择通过市场组织进行生产；

最后，当边际收益曲线 MR 处于 MR_1 与 MR_2 之间时，生产活动通过分布式的生产网络组织最为有效，同时 Q_1 与 Q_2 分别确定了分布式生产网络的最小生产规模与最大生产规模，即当生产产量处于 Q_1 与 Q_2 之间（即 $Q_1 < Q < Q_2$）时，应选择通过分布式生产网

络进行组织分产。

四　来自新制度经济学的解释

分布式生产网络是处于市场与企业之间的一种独特的规制结构。在分布式生产网络中，各组成成员间的信任合作比市场上的简单合作更加稳固与频繁，因此其能比市场的规制节约交易费用；同时分布式生产网络本身又不像企业那样成为一种正式化的一体化组织，相对而言它又能比企业更节约组织成本。根据科斯的交易成本理论，不难看出，分布式生产网络既是对市场又是对企业替代的一种规制模式。

新制度经济学的命名者——威廉姆森（1985）继承与发扬了科斯的思想。他创造性地提出了资产专业性的概念，即用于特定用途后很难再改作他用的资产，或者改作他用时需要付出高昂的成本或大大降低资产的使用价值。威廉姆森从资产专用性角度分别分析了企业与市场两种规制的使用情况。他认为，如果生产过程中的资产专用性较强，那么通过一体化的企业组织方式更能节省交易成本；如果资产专用性较弱（也称资产通用性较强），那么通过市场来组织生产则更为有效；如果生产过程中的资产专用性较弱，但又是非市场通用性资产，那么此时市场与企业两种规制的作用就不明显，需要通过分布式生产网络来组织生产，才能在最大限度上节约交易成本。笔者对此做进一步的理论分析，如图 4 - 3 所示，纵轴表示组织生产过程中的治理成本 C ，横轴表示生产过程中资产专用性强度 K ，K^* 表示 K 的最优值，曲线 C_m 、C_n 和 C_f 分别表示市场、分布式生产网络和企业在生产过程中的治理成本。根据威廉姆森的理论对图 4 - 3 进行分析，可以简单地得出以下结论：当 $K^* < K_1$ 时，运用市场规制进行生产；当 $K_1 < K^* < K_2$ 时，运用分布式生产网络规制进行生产；当 $K^* > K_2$ 时，运用企业规制进行生产。

张五常的理论更深化了科斯的思想，他从契约的角度来重新认识了这个问题。他认为，企业与市场的本质都是一种基于生产的契约规制，有所不同的是企业是与生产要素相关的契约，而市场是与产品交易相关的契约。根据他的理论，可以认为企业是通过内部生产要素配置来替代市场中的产品生产的，而分布式生产网络的存在可以看作中间产品市场对要素市场和产品市场的替代。

62

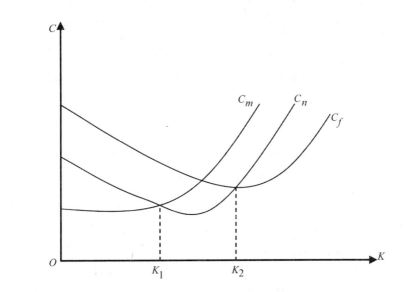

图 4 - 3   资产专用性与分布式生产网络

在科斯和张五常的理论基础上，杨小凯建立了一个全新的关于企业的一般均衡模型。与前人研究不同的是，他在模型中引入了亚当·斯密劳动分工与专业化的思想，提出劳动效率与交易效率的概念，除了分析企业与市场两种经济规制结构外，还创造性地引入了自给自足的经济结构作为另一种参考对象。杨小凯的研究结果表明：当经济活动中的交易效率低到一定程度时（即交易费用足够高），生产个体将会选择自给自足的规制模式；当交易效率足够高，并使分工经济超过交易费用时，市场的规制模式就会出现；当劳动的交易效率超过了中间产品的交易效率从而劳动力的买卖代替了中间产品的买卖时，企业的规制方式就出现了。杨小凯认为不论哪种规制模式，都只是劳动分工的不同表现而已。同样，对于分布式生产网络就是专业化的企业在市场环境寻求合作的产物，但是它又与普通的市场中的企业合作有所不同，分布式生产网络中成员企业之间的合作更多是围绕某一产品的生产而展开，相比传统的市场间企业合作而言，企业成员之间会充分共享一些公有的资源，并及时交换信息。它是一种更深层次的长期稳定的频繁合作，这种基本网络间的合作模式就可以很好地实现分工基础上生产效率最大化与交易成本最小化的统一。

63

第三节　分布式生产产生的条件

本节将分别从新古典经济学中的生产成本理论、制度经济学中的交易成本理论来分析组织在新兴网络经济环境下分布式生产产生的条件。

一　基于生产成本视角的分析

生产成本的内涵根据研究目标的不同往往也有所不同。本书把生产成本分为固定成本和变动成本，重点分析新兴网络经济环境下固定成本的节约问题。本书认为，生产者的资产专用性投资形成了固定成本，而生产者进行资产专用性固定成本的投资通常能提高其自身的生产性能力，但同时也提高了其产品的生产成本。生产者为了保证产品在市场上保持价格优势，不得不增大产量以稀释固定成本的增加量，维持产品的平均成本，这样也增大了生产者的市场风险。高额的固定成本分担问题、固定资产专用性问题以及专用性而造成生产能力闲置的机会成本问题是传统经济模式中生产者进行固定资产投资扩大生产规模所面临的三个关键问题。在信息共享、合作互赢的新兴网络经济发展背景下，这三个问题尤为突出，而一种新型的生产模式——分布式生产却能很好地解决这些问题。

（一）固定成本分摊

企业进行资产专用性投资会对企业的经营产生积极和消极两个方面的影响：积极方面是能提高企业的生产与交易能力；消极方面

是会增加企业单位产品成本对固定成本投资的分摊。在新兴网络经济中，生产企业通过分布式的生产网络互联，可以实现资源与信息的充分共享。这些共享的资源与信息成为整个生产网络的共有资产，分布式生产网络中的个体生产企业越多则生产的产品对共有资源的分摊成本就越少。与分布式生产网络之外的生产者（即没有进行资源共享的传统经济模式中的生产者）相比，新兴网络经济内的生产者就具有相对的成本优势。对于固定成本的分摊也存在同样的问题，单个生产企业因为受到生产产品的局限，对固定资产这种专用性比较强的资产进行投资的动力明显不足。新兴网络经济中的分布式生产网络在这一点上就较传统一体化生产者更具优势。新兴网络经济实体中的个体生产者，各具独特的专业与信息优势，以网络组织的形式把他们联系起来之后，通过技术合作、信息共享，可以使整个实体具有更高的专业化水平，可以以更低的成本获取到关键的信息，从而降低整个网络经济实体的生产成本。相比传统单打独斗的个体经济实体而言，新兴网络经济实体中的个体生产者，可以进行全方位持久稳定的合作与共享，能生产出更多更具特色、更个性化的产品。

新兴网络经济实体的生产效率在于网络在多大程度上有助于扩大固定成本投资的覆盖范围。网络提供了进行固定投资的成本分摊和收益分配机制，使得分布式生产模式中固定资产的分摊更为科学合理。

（二）降低固定资产专用性

资产的专用性是指资产用于特定用途后很难再改作他用，或者改作他用后需要付出高昂的成本或大大降低资产的使用价值。固定资产是企业为改善其生产能力而进行的投资，往往具有较高的专用性。专用性较高的固定资产对于生产企业而言会对其生产过程造成不便。其一，由于生产者对于专用性资产的信息掌握不全面，会让他们一时无法很准确地认识到专用性的资产在多大程度上会对生产活动产生贡献，往往出现"大材小用"的情况；其二，专用性高的资产通常是不能被改为他用的，即便改为他用后企业也必将付出极为高额的成本；其三，专用性较高的资产通常不可替代。这三种情况的存在会造成生产者新增的生产能力的浪费，给生产过程平添多余的固定成本。解决以上问题的思路非常简单，针对每种情况的特性而定。首先，生产企业应该更多通过多种渠道以较为低廉的成本了解和掌握这种专用性资产的使用信息；其次，生产企业尽量减少专用性高的资产移动的必要性，尽量就地取材就地生产；最后，可以替换掉不可替代的固定资产投资或将不可替代的固定资产共享。在分布式生产的网络环境下，就可以简单地通过上述方法来实现对固定资产专用性的降低。首先，分布式的生产网络是一个信息与资源充分共享的平台，改变了传统市场中企业生产者较难掌握固定资产相关信息（或需要支付一定成本才能获取相关信息）的情形，生产者可以很容易地以几乎为零的成本来获取一项资产的各种相关信息。其次，是在新兴网络经济实体中，分布式的生产者可以依据更为透明的生产信息，互通有无，共同制订长期的生产计划，降低移动一项资产的必要性。最后，在新兴网络实体中分布式生产者所共有的信息或生产技术可以用来替换另外一些生产者专门的技术。分布式生产网络是通过降低生产者固定资产的专用性来减少生产成本的。

（三）剩余生产能力浪费的减少

生产者在市场竞争环境下加大固定资产的投资，会造成生产能力剩余的情形。在市场上消除企业生产能力剩余问题通常有两种途径，分别是组织企业内部扩大再生产或在市场上将剩余生产能力对外销售。企业扩大再生产的结局往往是生产过剩，企业生产的产品滞销也会增加企业生产的风险。因而企业往往会选择将剩余生产能力对外进行销售的方式来减少对生产能力浪费的减少。在传统市场竞争环境下，由于市场信息存在着不对称性，固定资产往往也不可分割，交易双方存在的机会主义会使得剩余生产能力的市场交易难以进行。而在分布式生产网络中却提供了生产者剩余生产能力进行交易的友好机制。在分布式生产网络内，生产者之间的相互协作共享的关系能在很大程度上弱化资产的专用性，生产能力剩余的生产者就能在网络内部进行剩余生产能力的交易，从而使企业的剩余生产能力得以节约。

二 基于交易费用视角的分析

交易费用理论认为组织形式产生的条件在于是对交易费用的节约，本部分将运用科斯的企业存在理论来分析分布式生产的生产方式对交易费用的节约情况。

（一）前提假设

假设 4-1：企业 A 在生产过程中至少需要投入两种中间产品，企业可以通过自己生产、从市场上购买以及与其他企业合作采用分布式的生产方式这三种途径来获得这些中间产品。

假设 4-2：市场上能给企业 A 提供合作生产中间产品的生产者有 i 个，$i=0,1,2,\cdots,n$。当 $i=0$ 时，意味着市场中没有为企业 A 提供中间产品的生产者，此时企业 A 选择自己生产所有的中间产品；当 $i=1$ 时，意味着市场中有一个生产者能为企业 A 提供一种中间产品；当 $i=n$ 时，意味着市场中有 n 个生产者能为企业 A 提供 n 种中间产品。

假设 4-3：市场上的生产者可以为企业 A 提供同质或异质的中间产品，这取决于企业 A 选择中间生产者的数量。如果企业 A 选择的中间生产者数量很小（只有一两家）时，那么生产出的中间产品就可能是异质的，它们之间难以相互替代；如果企业 A 选择的中间生产者数量较大，那么生产出的许多中间产品就可能是同质的，是可以相互替代的。

假设 4-4：随着企业 A 采取分布式生产方式的程度加大，选择中间生产商的数量增加，企业的规模不断减小，其边际组织成本递减；当所有中间产品的生产都分离后，其边际组织成本趋于一个常数。

假设 4-5：与传统企业边际交易成本曲线呈"U"形的情况不同，新兴网络经济中企业 A 的交易成本曲线呈递减趋势。企业 A 开始采用分布式生产方式时，选择的中间生产者较少，生产出的中间产品具有异质性，不可替代，故边际交易成本较高；随着企业 A

选择的中间生产者数量增加，生产出的产品逐渐具有了可替代性，相应的边际成本将逐渐下降；当企业 A 选择的中间生产者数量越来越大时，由于新兴网络经济中信息的充分共享，信息搜寻成本很小，其寻找中间生产者的成本不像传统企业一样明显增加，边际交易成本依然呈现缓和递减的趋势。

（二）理论模型

根据以上假设，对企业 A 在传统经济模式下与在新兴网络经济模式下进行分布式生产的条件进行比较分析。图 4 - 4 表示传统经济模式下的企业 A 进行分布式生产的条件；横轴（ i ）表示企业 A 进行分布式生产的程度，即可选择的中间生产者的数量；纵轴（ C ）表示成本，即企业 A 采取分布式生产方式后的组织成本与交易成本。MC_f 是企业 A 的边际组织成本，该曲线向右下方倾斜；MC_m 是企业 A 的边际交易成本曲线，该曲线呈"U"形。MC_f 曲线与 MC_m 曲线相交于 E_1 和 E_2 两点，对应的企业 A 选择分布式的生产商的数量为 i_1 和 i_2 。

图 4 - 5 表示新兴网络经济模式下企业 A 进行分布式生产的条件，此时企业 A 的边际交易成本曲线 MC_m 不再呈"U"形，而呈递减趋势。其与边际组织成本曲线相交于一点 E^* ，对应的选择分布式生产商的数量为 i^* ，其他参数含义与图 4 - 4 相同。

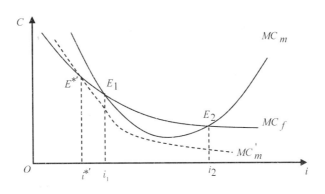

图4 - 4　传统经济模式中分布式生产产生的条件

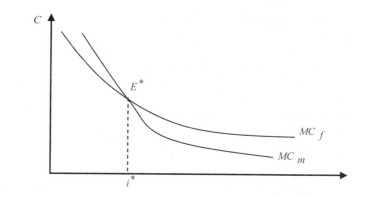

图 4 - 5　新兴网络经济中分布式生产产生的条件

（三）结论分析

图 4 - 4 中，在传统经济模式下，企业 A 进行分布式生产时，MC_f 曲线与 MC_m 曲线相交于 E_1 和 E_2 两点，即 $MC_f = MC_m$。根据科斯的企业理论，这两个点就决定了企业 A 进行分布式生产的规模。把点 E_1 处决定的企业规模称为"狭义企业"边界，把点 E_2 处决定的包括分布式生产网络功能在内的企业规模称为"广义企业"边界。与此同时，企业 A 选择中间生产者的数量 i 变化满足 $i_1 < i < i_2$，即当企业 A 选择数量为 i_1 的中间生产者时，企业处于"狭义企业"的边界；当企业 A 选择数量为 i_2 的中间生产者时，企业处于"广义企业"的边界，此时分布式生产规模达到最大。

图 4 - 5 中，在新兴网络经济模式下，由于信息互联与资源的充分共享，企业 A 在进行分布式生产时，MC_f 曲线与 MC_m 曲线只相交于一点 E^*，此时 $MC_f = MC_m$。同样，根据科斯的企业理论，这个点就决定了企业 A 进行分布式生产的最小规模，即选择中间生产者的最小数量，点 E^* 决定了新兴网络经济模式下企业 A 的"狭义企业"边界。与传统经济模式下不同的是，图 4 - 5 中并未显示出企业 A 进行分布式生产的最大规模，即选择中间生产者数量 i 变化范围为 $i > i^*$。从理论上来说，只要企业 A 可以生产的产品种类无限，那么企业 A 进行分布式生产的上限是没有边界的，

这是新兴网络经济与传统经济模式的最大不同。而实际的情况是，企业 A 不可能生产无限种类的产品，由假设可知其生产产品的种类为有限的 n 个，所以企业 A 选择生产者进行分布式生产的规模变化范围为 $i^* < i < n$。

通过以上分析可知，在传统经济模式下，企业 A 进行分布式生产所选择的中间生产者的数量范围为 $[i_1, i_2]$；在新兴网络经济模式下，所选择的中间生产者的数量范围为 $[i^*, n]$。现在要比较区间域的大小，以确定分布式生产在新兴网络经济中有更为广阔的生存空间。这里只需要证明 $i^* < i_1$ 即可，因为 n 为企业 A 自身生产条件所决定的所能进行分布式生产的最大限度，必然有 $i_2 \leqslant n$（若 $i_2 > n$，i_2 也便失去意义，决定企业 A 最终生产上限的仍是 n，而此时企业选择的范围为 $[i_1, n]$，仍只需比较 i_1 与 i^* 即可）。由于在新兴网络经济环境下，企业 A 与其潜在选择中间生产者之间信息透明、资源共享，并且网络组织中合理的声誉激励机制能有效地约束企业 A 与中间生产者之间的充分信任与合作，相比传统经济模式中，新兴网络经济下企业间的交易成本将会大大降低，表现在理论模型上则是企业 A 的边际交易成本曲线整体向左下方移动，此时与边际组织成本曲线的交点也向左偏移。如图 4-4 所示，新兴网络经济中的边际成本曲线 $MC_m{}'$ 处于 MC_f 曲线下方，所以 $i^{*'} < i_1$，即 $i^* < i_1$。因此，在新兴网络经济中，分布式生产将比在传统经济模式中更具规模。

第四节　分布式生产网络的组织性质

与传统经济模式相比，以大规模分布式生产为节点相连而成的新兴网络经济最大的特点与优势在于，网络环境下生产者之间信息与资源的完全共享、充分的信任合作以及保证共享与合作持续进行的声誉激励机制。下面笔者将运用中介理论来分析分布式生产网络在交易中所起的作用，明确分布式生产网络虚拟中介的组织性质。

一 虚拟中介假设

新兴网络经济中的分布式生产可以在很大程度上降低交易成本，因为它具有两个非常明显的优势：一是网络结构提供了信息优势，降低了信息的搜寻成本，增加了生产者获取信息的机会与渠道；二是网络内的信任合作机制对交易的协调与维护功能，降低了交易成本。本书认为，新兴网络经济的环境为其中的经济实体提供了一个享用共有信息、履行信任契约的网络平台。这个平台实质上充当了一个虚拟中介的角色，在新兴网络经济的交互过程中，起着协调与维护交易的功用。

本书认为，新兴网络经济中的信息共享平台是各经济实体进行资源交互的一个虚拟中介。这个虚拟中介在传统市场的卖方与买方之间起作用，一方面向卖方购买产品；另一方面又向买方售出产品，充当了一个高效而廉价的"中介"角色。新兴网络经济的分布式生产决定了这个虚拟中间人具备两个优势：一是信息优势，网络市场中的买卖信息能使得中间人很便捷地联系上买者和卖者；二是契约优势，虚拟中介在交易中还扮演一个权威的角色，通常具有很好的声誉，能够给买者和卖者提供可信的、有约束力的隐性契约，而且成本很低。

尽管新兴网络经济中的中间人是虚拟的，但是由于新兴网络经济自身的自组织性和自适应性，就决定了虚拟中介具有自发的经济理性。这就意味着虚拟中介的参与将使新兴网络经济中的交易与传统市场交易相比能带来额外的收益，这种收益来源于对没有中间人参与的交易成本的节约；同时由于中间人是虚拟的，且在新兴网络经济的环境下搜寻信息和实施契约的成本都可忽略不计，因此中间人并不占有这部分收益，它可能只提供某种有约束力的分配和监督机制将额外收益在交易者间进行合意的分配。这样与直接的市场交易相比，交易双方更有动机参与中间人组织的交易。

二　基于虚拟中介模型的分布式生产市场效率分析

（一）买卖双方直接交易

假设在传统市场交易中只存在买卖双方，卖方向买方提供产品或服务（统称"产品"）。产品的质量 i 不一，即质量高的产品 $i = H$，质量低的产品 $i = L$。卖方提供产品的总成本为 $c_i > 0$，对于卖方而言，其提供高质量产品的总成本要大于其提供低质量产品的总成本，即有 $c_H > c_L$；对于买方而言，其为获得质量为 i 的产品愿意支付的价格为 $v_i > 0$，并且产品质量越高其愿意支付的价格也越高，支付价格为产品质量的增函数，即 $v_H > v_L$。要使交易正常进行，必须满足 $c_L < v_L, c_H < v_H$，即交易进行的前提是交易双方都有正的收益。

由于信息的不完全性，市场中信息不对称，买方在交易之前不能了解产品质量的高低，只能以 λ（$0 \le \lambda \le 1$）来判断高质量产品出现的概率。所以对买方来说其支付的期望价值为：

$$v = (1 - \lambda)v_L + \lambda v_H \tag{4-4}$$

由式（4-4）可知，当 $v < v_H$ 时，市场中高质量产品要价太高，买者将选择不交易。只有低质量产品在市场中交易，此时"柠檬市场"条件成立。此时考虑交易双方的收益分配问题。假设直接交易双方按 $a:(1-a)$ 的比例分配交易收益，$0 < a < 1$（当 $a = 0$ 时，表明买方不愿意交易；当 $a = 1$ 时，表明卖方不愿意交易）。所以买方总收益的期望值 r_b 有：

$$r_b = a(1 - \lambda)(v_L - c_L) \tag{4-5}$$

显然，此时高质量产品卖方的收益 $r_{sH} = 0$，所以市场卖方的整体收益即为低质量产品卖家的收益，$r_s = r_{sL}$，即：

$$r_s = r_{sL} = (1 - a)(v_L - c_L) \tag{4-6}$$

由于"柠檬市场"效应存在，高质量产品无法达成交易，最终市场上高质量产品将消失殆尽，即 $\lambda = 0$。

（二）虚拟中介介入的交易

在分布式网络经济中，网络信息平台起着交易中间人的作用。

此时考虑有虚拟中介介入的交易，虚拟中介具有产品质量的鉴别能力，其成本为 $e(e>0)$（由于信息的充分共享，信息获取的成本 e 很小）。假设中间层向高质量产品的卖方出价为：

$$w_H = c_H + r_{sH} \qquad\qquad (4-7)$$

式（4-7）中 $r_{sH}>0$ 为高质量产品的卖方收益。同样，由交易实现的条件可知，高质量产品卖方需要有正的收益才愿意将产品出售给中间人，而买方也需要有正的收益才愿意向中间人购买高质量产品。

网络经济中的中间人向出售低质量产品的卖方出价为 w_L，要使交易得以实现，则需要使卖方认为其将低质产品出售给中间人与直接出售给买方是无差异的，即：

$$w_L - c_L = r_{sL} = (1-a)(v_L - c_L) \qquad\qquad (4-8)$$

中间人再向买方出售从卖方购入的产品。假设对于高质量产品，中间人向买方的出价 p_H 为：

$$p_H = v_H - r_{bH}, \ r_{bH} > 0 \qquad\qquad (4-9)$$

式（4-9）中，r_{bH} 为买方购买高质量产品的收益，$r_{bH}>0$。同样要实现交易，必须有 $p_H > w_H$，即：

$$v_H - r_{bH} - c_H - r_{sH} > 0 \qquad\qquad (4-10)$$

同理，对于低质量的产品，中间人向买方要价为 p_L，为使得买方愿意向其购买，同上分析必有：

$$v_L - p_L = a(1-\lambda)(v_L - c_L) \qquad\qquad (4-11)$$

在式（4-10）与式（4-11）的条件下，买卖双方都愿意通过这个虚拟的中间人来进行交易。而作为中间人，其期望收益为：

$$r_m = (1-\lambda)(p_L - w_L) + \lambda(p_H - w_H) - e \qquad\qquad (4-12)$$

将新兴网络经济中信息平台作为一方引入交易机制中，也需要满足其收益为正才会有激励建立起这样一个信息共享的平台，即 $r_m > 0$。将式（4-7）到式（4-11）代入式（4-12）中可以得到：

$$r_m = a(1-\lambda^2)(v_L - c_L) + \lambda(v_H - r_{bH} - c_H - r_{sH}) - e$$

$$(4-13)$$

对式（4-13）中 λ 求一阶导数有：

$$r_m^* = \frac{v_H - r_{bH} - c_H - r_{sH}}{2a(v_L - c_L)} + \frac{1}{2} \qquad (4-14)$$

由式（4-10）可知 $v_H - r_{bH} - c_H - r_{sH} > 0$ ，所以 $r_m^* > \frac{1}{2}$ 。比较 r_m^* 与 r 可知，相比传统经济模式中没有中间人的交易而言，在虚拟中介加入交易后，由于虚拟中介有能力让高质量产品以大于 1/2 的概率存在于市场上，所以高质量产品的交易得以实现，且高质量产品占主导地位。

73

（三）效率分析

有虚拟中介参与的交易对市场效率的作用主要体现在市场参与者福利的帕累托改进上。

在有中间人参与的市场中，买方收益的期望值为：

$$r_b = a(1 - \lambda)(v_L - c_L) + \lambda r_{bH} \qquad (4-15)$$

卖方收益的期望值为：

$$r_s = r_{sL} + r_{sH} = (1 - a)(v_L - c_L) + r_{sH} \qquad (4-16)$$

对于任意的 a 和 λ ，显然都有式（4-15）>式（4-5）、式（4-16）>式（4-6），即有虚拟中介参与的交易，买卖双方的收益均有提高，而且中间层也能在交易中获得一定的收益。从市场整体来看，有虚拟中介参与的市场交易对整个市场的福利实现帕累托改进，因而中间人参与是有效率的。

本章小结

新兴网络经济中大规模集中式的生产将向分布式生产转变，分布式生产将成为新兴网络经济中规模经济具体表现形式。本章分析了古典经济学、新古典经济学和新制度经济学对规模经济理论在不同层次上的解释，总结了在新兴网络经济中规模经济体现出的新特征及新的效益；从成本和收益的角度分析交易的规制结构问题，确定分布式生产存在的网络环境，并从规模经济理论的三个层面对其进行了合理解释；从新古典经济学中的生产成本理论以及新制度经济学中的交易成本理论两个方面研究了分布式生产在新兴网络经济中产生的条件，指出分布式生产会降低生产成本、节约交易费用；最后运用中间人模型分析了分布式生产网络在交易中所起的作用，明确分布式生产网络虚拟中介的组织性质。

74

第五章 新兴网络经济中的交易方式
——合作式交互

新兴网络经济体中，由于信息的充分共享，价格信号的作用将被削弱，交互准则呼唤基于合作的信任。本章将运用重复博弈模型解释新兴网络经济中合作产生的理论根源，结合信号理论分析价格信号与声誉信号的相互作用，构建声誉价格博弈模型进一步明晰价格离散与交易者声誉之间的相互关系，明确新兴网络经济中基于信任的合作式交互的重要性。

第一节 新兴网络经济中的合作交易
——重复博弈解释

博弈论是解释多个主体之间相互关联关系的经济学方法。在新兴网络经济中交互主体将更多地选择进行合作式交互，本节将运用重复博弈的理论来解释新兴网络经济中合作式交互产生的理论根源与必然趋势。

一 基本模型

在新兴网络经济实体中，交互个体选择合作是因为能在最大程度上降低交易成本。笔者通过构建一个简单的博弈模型来分析信任是如何在新兴网络经济中降低交易成本的。

假设有交互者 A（如委托人）、交互者 B（如代理人）。A 与 B 以一定概率的方式进行合作，若合作成功，A 收益为 R_1；B 收益为 R_2；$R = R_1 + R_2$；R 为每次交易的总额。交互者 A 与交互者 B 选择合作的概率表征他们之间相互的信任水平。假设交互者 B 是资源的主动需求方，则其寻找拥有交互对象并与之谈判需支付的交易成本为 C_2（$R_2 > C_2 > 0$）。假定网络实体中的普遍信任水平为 P_0（P_0 为一个常数），则两个陌生交互者的第一次交易以 P_0 的概率进行合作，那么 B 需要支付的交易成本为 C_2/P_0。与此同时，确定交易进行后，A 要对 B 进行监督和执行合同，每次支出交易成本 C_1（$R_1 > C_1 > 0$）。如果在交易合作过程中，B 因故失信违反合同，会得到额外收益 W_2，此时 A 将遭到额外损失 W_1，$W_2 \leqslant W_1$。一旦 B 失信，交互者 A 与 B 的合作交互将不再进行；若 B 一直守信，则其声誉将持续增加。假设当 B 一直选择守信时其声誉以某一概率增加，假定在第（$i+1$）次 A 以 P_i 的概率与 B 合作，P_i 符合以下函数关系：

$$\frac{P_i - P_0}{1 - P_0} = \left[1 - \frac{1}{(1+\delta)^i} \right], i = 0, 1, 2, \cdots \qquad (5-1)$$

式中，δ 为贴现率，且 $0 < \delta < 1$。式（5-1）确定的函数关系能使 P_i 在 P_0 的基础上随着合作次数 i 的增加而增加。这正反映了交互者 B 的声誉随着合作的增加信任的增长过程，并且以 1 为增长的最终极限。由式（5-1）可得：

$$P_i = (1 - P_0) \left[1 - \frac{1}{(1+\delta)^i} \right] + P_0 \qquad (5-2)$$

当交互者只进行 1 次时，B 守信的收益为：$R_2 - C_2$，此时 A 的收益为：$R_1 - C_1$；B 失信的收益为：$R_2 - C_2 + W_2$，此时 A 的收益为：$R_1 - C_1 - W_1$。所以当交互只进行 1 次时，B 从收益最大化的理性角度考虑会选择失信，而失信的后果则是使得 B 落得一个"坏"的声誉；从此之后 A 不再信任 B，也不会再选择与 B 进行交互。

二 模型分析

只进行 1 次交互的情况在网络经济环境中是比较少见的，通常的交互是重复进行的（交互的对象往往也会有所不同，但本书仅考虑单一对象的多次交互情况）。随着交互的重复进行，只要 B 一直守信，根据式（5-2）中 P_i 的定义，B 的声誉将越来越好，A 与 B 合作的概率也越来越大。因此，在网络经济环境中重复交互的情景下，理性的 B 应该会采取两种策略，要么一直违约，要么一直守信。每次交易违约后，B 将面临不得不再次寻找新的交互对象，因而每次都要付出一定的搜寻成本 C_2，违约后均获得收益 W_2。所以 B 采取一直违约策略时的收益为：

$$B_1 = (R_2 - C_2 + W_2) + \frac{P_0(R_2 + W_2) - C_2}{1 + \delta} + \frac{P_0(R_2 + W_2) - C_2}{(1 + \delta)^2}$$

$$+ \cdots + \frac{P_0(R_2 + W_2) - C_2}{(1 + \delta)^i} \tag{5-3}$$

当 $i \to \infty$ 时，式（5-3）等价于：

$$\left(1 + \frac{P_0}{\delta}\right)(R_2 + W_2) - \left(1 + \frac{1}{\delta}\right)C_2 \tag{5-4}$$

若 B 选择一直守信，则除第一次搜寻成本外，其他交互不再需要付出搜寻成本。所以 B 采取一直守信策略的收益为：

$$B_2 = (R_2 - C_2) + \frac{P_1 R_2}{1 + \delta} + \frac{P_2 R_2}{(1 + \delta)^2} + \cdots + \frac{P_i R_2}{(1 + \delta)^i} \tag{5-5}$$

将式（5-2）代入式（5-5）后减去式（5-3）得：

$$B_\Delta = B_2 - B_1 = \frac{C_2}{\delta} + \frac{(1 - P_0)(1 + \delta)}{2\delta + \delta^2}R_2 - \frac{(P_0 + \delta)}{\delta}W_2$$

$$\tag{5-6}$$

由于一直采取信任策略而进行的重复交互无须发生搜寻成本 C_2，所以在式（5-6）中 $\frac{C_2}{\delta}$ 便表示由于持续合作累计为 B 节省下来的交易成本；$\frac{(1 - P_0)(1 + \delta)}{2\delta + \delta^2}R_2$ 表示由于信任水平增加所带来的收益与陌生人交易相比把所有重复交易所增加的信任水平带来的收益贴现累积收益；$\frac{(P_0 + \delta)}{\delta}W_2$ 表示 B 每次均违约得到的额外收益的累积和。

因而，当式（5-6）大于0时，即守信节省的交易成本与信任水平提高带来的收益之和大于不守信带来的额外收益时，B 将选择守信。

考虑 B 违约时的收益 W_2，定义函数：

$$f(W_2) = \frac{C_2}{\delta} + \frac{(1-P_0)(1+\delta)}{2\delta + \delta^2}R_2 - \frac{(P_0+\delta)}{\delta}W_2 \qquad (5-7)$$

很显然，$f(W_2) < 0$，所以 B 违约的收益越小，函数就越可能大于0，也就越有利于 B 选择守信。

考虑 B 的策略对整个网络经济实体的社会福利影响。B 每次选择失信的社会收益为：

$$(R_1 - C_1 - W_1 + R_2 + W_2 - \frac{C_2}{P_0}) + \frac{(R_1 - C_1 - W_1 + R_2 + W_2 - \frac{C_2}{P_0})}{1+\delta} + \cdots +$$

$$\frac{(R_1 - C_1 - W_1 + R_2 + W_2 - \frac{C_2}{P_0})}{(1+\delta)^i} = (R_1 - C_1 - W_1 + R_2 + W_2 - \frac{C_2}{P_0})(1+\frac{1}{\delta})$$

$$(5-8)$$

在新兴网络经济大环境下，存在着数量无限的潜在交互者。只要 B 声誉好，总能在不发生交易成本的情况下不停地交易下去。所以 B 一直守信的社会收益为：

$$(R_1 - C_1 + R_2 - \frac{C_2}{P_0}) + \frac{(R_1 - C_1 + R_2 - \frac{C_2}{P_0})}{1+\delta} + \cdots +$$

$$\frac{(R_1 - C_1 + R_2 - \frac{C_2}{P_0})}{(1+\delta)^i}$$

$$= (R_1 - C_1 + R_2 - \frac{C_2}{P_0}) + \frac{1}{\delta}(R_1 - C_1 + R_2) \qquad (5-9)$$

比较两种策略的收益大小，用式（5-9）减去式（5-8）有：

$$(1+\frac{1}{\delta})(W_1 - W_2) + \frac{C_2}{\delta P_0} \qquad (5-10)$$

式（5-10）表示 B 选择守信与选择失信而言，整体社会福利增加值。由于 $W_2 \leq W_1$，所以式（5-10）大于0。

综上，在新兴网络经济中交互者之间的守信有利于增加整体福利。守信行为可以提高交互个体的信任，好的信任又会保障重复交易的顺利开展，节省交易成本，提高经济效益。这就从理论上说明了在新兴网络经济环境中，基于信任的合作将成为交互选择的发展趋势。

第二节　价格信号与声誉信号的作用机理
——基于信号博弈的分析

本节运用博弈论与信息经济学理论，通过建立一个基于两期信号博弈的声誉模型，分析交互者交互过程中第一阶段建立声誉对于第二阶段交互中价格信号的影响作用，以此确立新兴网络经济中价格信号与声誉信号的双重作用机理。

一　模型假设

本书考虑最为本质交互情况，即交互者 1 向交互者 2 出售产品或服务。构建一个两时期博弈模型，在第一时期，交互者 1 拥有私人信息，即其能力（具体可表示其出售产品质量好坏或其提供服务水平高低等）有两种类型 $\theta = L, H$。L 表示低能力类型；H 表示高能力类型。

在博弈的第一阶段，交互者 1 先采取行动，选择交互价格，并以此发送价格信号 $p_1 \geq 0$。交互者 2 在接收到交互者 1 发送的价格信号后，推断交互者 1 的可能类型，并以此采取行动 $q_1 \geq 0$。在这一阶段，交互者 1 的效用可以表示为：

$$U_1(\theta, p_1, q_1) = \pi_1 q_1 - b_1(\theta) p_1^2 - e_1 p_1 \qquad (5-11)$$

其中，$\pi_1 > 0$，表示交互者 2 采取行动 q_1 时，交互者 1 的效用值，并且交互者 2 的行动越大，给交互者 1 带来的正效用越大；$e_1 > 0$，$b_1(\theta) > 0$，$b_1(L) > b_1(H) > 0$，$b_1(\theta) p_1^2$、$e_1 p_1$ 分别表示交互者 1 发送价格信号的成本，即负效用，并且 L 类型发送价格信号的负效用要大于 H 类型的负效用。

由此交互者 2 第一阶段的效用可以表示为：

$$V_1(\theta, p_1, q_1) = c(\theta)p_1 q_1 - dq_1^2 \qquad (5-12)$$

其中，$0 < c(L) < c(H)$，交互者 2 会更偏好于选择能力高即 H 类型的交互者 1。$c(\theta)p_1 q_1$ 与 dq_1^2 分别表示交互者 2 采取行动 q_1 时的正、负效用，$d > 0$。

在博弈的第二阶段，交互者 1 根据交互者 2 的选择调整行为，重新选择交互价格 p_2，其效用函数可以表示为：

$$U_2(\theta, p_1, p_2, q_2) = \pi_2 q_2 - b_2(\theta)p_2^2 - e_2 p_1 + \rho p_2 \qquad (5-13)$$

式（5-13）中，$\pi_2 > 0, b_2(\theta) > 0, b_2(L) > b_2(H) > 0, \rho > 0, e_2 > 0$。

二　不考虑声誉时模型的解

前一阶段的价格信号会对交互者 1 后一阶段的效用产生影响，所以理性的交互者在进行前一阶段的博弈时会考虑到对后一时期效用的影响。笔者运用逆向归纳法来求解整个博弈的解。

（一）博弈第二阶段

由前述模型假设可知，在第一期信号博弈中，信号博弈的均衡结果只包含唯一的分离均衡（后文将有相应证明），交互者 2 将能准确无误地推断出交互者 1 的类型，并在第二期博弈中按照此推断进行行动。因而，第二期博弈过程中信息是完全的，博弈的实质是斯塔克伯格博弈，采用逆向归纳法求解。

求解交互者 2 在博弈第二阶段的效用［式（5-12）］关于 q_2 的一阶条件，得其最优反应函数：

$$q_2(\theta, p_2) = \frac{1}{2}c(\theta)d^{-1}p_2 \qquad (5-14)$$

式（5-14）是交互者 2 的最优行动反应。

将式（5-14）代入式（5-13）后，对 p_2 求偏导得一阶条件：

$$\frac{\partial U_2(\theta, p_1, p_2, q_2(\theta, p_2))}{\partial p_2} = \frac{1}{2}\pi_2 c(\theta)d^{-1} - \rho - 2b_2(\theta)p_2 = 0$$

$$(5-15)$$

很显然，一阶条件式（5 – 15）的解是第二时期交互者 1 的最优价格信号。求解一阶条件式（5 – 15），可得最优价格信号为：

$$p_2^*(\theta) = \frac{1}{4}\pi_2 b_2^{-1}(\theta)c(\theta)d^{-1} - \frac{1}{2}b_2^{-1}\rho \tag{5 – 16}$$

假设 5 – 1：$\dfrac{\partial\, U_2(L,p_1,p_2^+,q_2(L,p_2^+))}{\partial\, p_2} > 0$，即 L 类型交互者 1 发送一个较小的价格信号比不发送价格信号带来的效用更高（p_2^+ 表示此偏导为在 $p_2 = 0$ 时的左极限，下述含义相同）。

由于 $0 < c(L) < c(H)$ 以及其他参数都是大于 0 的，所以有：

$$0 < \frac{\partial\, U_2(L,p_1,p_2^+,q_2(L,p_2^+))}{\partial\, p_2} < \frac{\partial\, U_2(H,p_1,p_2^+,q_2(H,p_2^+))}{\partial\, p_2}$$

$$\tag{5 – 17}$$

由式（5 – 16）可知，$p_2^*(\theta) > 0$，进一步可由假设 5 – 1 可以容易推理得出 $p_2^*(H) > p_2^*(L)$，即在第二时期，类型的交互者 1 发送的最优价格信号高于类型发送的最优价格信号。

（二）第一时期信号博弈的解

与第二时期不同，第一时期的博弈信息是不完全的，并且第一时期的博弈结果会影响第二时期双方博弈效用，因此引入贴现因子 $\delta, 0 < \delta \le 1$，则交互者 1 第一时期的决策目标是极大化其两个时期效用之和的现值，即：

$$U(\theta,p_1,q_1) = U_1(\theta,p_1,q_1) + \delta U_2(\theta,p_1,p_2^*(\theta),q_2(\theta,p_2^*(\theta))) \tag{5 – 18}$$

求解式（5 – 18）关于 q_1 的一阶条件，得其最优反应函数为：

$$q_1^*(\theta,p_1) = \frac{1}{2}c(\theta)d^{-1}p_1 \tag{5 – 19}$$

显然二阶条件满足，因此 $q_1^*(\theta,p_1)$ 是交互者 2 的最优行动反应函数。

假设 5 – 2：$0 < \delta \le \dfrac{e_1}{e_2}$，$\dfrac{dU_1(L,p_1^+,q_2(L,p_1^+))}{dp_1} > -\delta$，可以证明，对于类型交互者 1，也有类似的成立假设 5 – 2。进一步求解式（5 – 19），根据信号博弈均衡结果的唯一性定理，学者肖条军证明

了第二时期博弈结果中有两个交互者之间满足直观的标准精练贝叶斯均衡结果（ISGPBE）存在且唯一，唯一的 ISGPBE 是分离均衡。

三　考虑声誉时模型的解

前述的博弈模型中假定交互者仅考虑价格信号作为影响交互进行的唯一因素，但是事实上交互者的声誉也会影响交互的进展。

当考虑声誉时，如果 L 类型交互者 1 在第一时期建立声誉，并且在第二时期运用声誉，则 L 类型交互者 1 在第一时期发送价格信号 $p_1^*(H)$。在第二时期，交互者 2 将交互者 1 错认为是 H 类型的，将采取需求行动 $q_2(H, p_2)$，此时 L 类交互者的效用函数为：

$$U_2(L, p_1^*(H), p_2, q_2(H, p_2)) = \frac{1}{2}\pi_2 c(H) d^{-1} p_2 - b_2(L) p_2^2 - \rho p_2$$
$$+ e_2 p_1^*(H) \tag{5-20}$$

同样，用逆向归纳法求解，可以得到此时的最优价格信号为：

$$p_2^*(L) = \frac{1}{4}\pi_2 b_2^{-1}(L) c(H) d^{-1} - \frac{1}{2}b_2^{-1}(L)\rho \tag{5-21}$$

由于 $0 < c(L) < c(H)$，式（5-16）、式（5-21）中的其他变量相同且同时大于 0，所以有 $p_2^*(H) > p_2^*(L) > 0$，即 L 类的交互者 1 在第一时期建立声誉后，其第二时期的最优价格信号大于不考虑声誉时的最优价格信号。

此时可以得出以下三个重要结论。

结论 5-1：对于 L 类交互者，前一时期的声誉可以支撑下一时期更高的价格信号。

在前一时期，如果 L 类交互者能够建立或提高声誉，则他将发送与 H 类型同样的价格信号。此时，其将获得效用 $U_1(L, p_1^*(H), q_1(H, p_1^*(H)))$，则两阶段博弈后其总的效用贴现为：

$$U(L, p_1^*(H), q_1(H, p_1^*(H))) = U_1(L, p_1^*(H), q_1(H, p_1^*(H)))$$
$$+ \delta U_2(L, p_1^*(H), \overline{p_2^*(L)}, q_2(H, \overline{p_2^*(L)})) \tag{5-22}$$

而在前一时期，L 类的交互者 1 不建立声誉时，其前一时期的最优效用为 $U_1(L, p_1^*(H), q_1(H, p_1^*(L)))$，此时又有如下结论。

结论 5-2：如果 L 类交互者在前期假装成 H 类交互者，则在后期的交互过程中可以利用声誉，在达到博弈均衡时，其前期的效用将不会大于不考虑声誉时前期的效用，即有不等式 $U_1(L, p_1^*(H), q_1(H, p_1^*(L))) \leqslant U_1(L, p_1^*(L), q_1(L, p_1^*(L)))$ 成立。

证明： 根据信号博弈 *ISGPBE* 的求解过程可知：

$$U(L, p_1^*(H), q_1(H, p_1^*(L))) \leqslant U(L, p_1^*(L), q_1(L, p_1^*(L)))$$

$$(5-23)$$

根据式（5-18），要证明结论 5-2 成立，只要证明式（5-24）不等式成立即可：

$$U_2(L, p_1^*(L), p_2^*(L), q_2(L, p_2^*(L))) \leqslant U_2(L, p_1^*(H), p_2^*(L), q_2(L, p_2^*(L)))$$

$$(5-24)$$

而 $e_2 > 0$，由式（5-13）可以知道，式（5-13）是严格增函数。又从信号博弈 *ISGPBE* 的求解过程可知，$0 < p_1^*(L) < p_1^*(H)$，所以可以证明式（5-24）成立，故结论 5-2 成立。

结论 5-3： 倘若 L 类交互者在前期假装成 H 类交互者，且在后期利用声誉，则在博弈达到均衡时，其后期的效用大于前期不假装成 H 类型时后期的效用，即有不等式 $U_2(L, p_1^*(L), p_2^*(L), q_2(L, p_2^*(L))) < U_2(L, p_1^*(H), \overline{p_2^*}(L), q_2(H, \overline{p_2^*}(L)))$ 成立。

证明： 由声誉的含义可知不等式：

$$U_2(L, p_1^*(H), \overline{p_2^*}(L), q_2(H, \overline{p_2^*}(L))) \geqslant U_2(L, p_1^*(H), p_2^*(L), q_2(H, p_2^*(L)))$$

$$(5-25)$$

式（5-25）成立。

同时，$e_2 > 0$，$0 < p_1^*(L) < p_1^*(H)$ 以及 $0 < c(L) < c(H)$，由式（5-13）可以容易证明：

$$U_2(L, p_1^*(L), p_2^*(L), q_2(H, p_2^*(L))) > U_2(L, p_1^*(L), p_2^*(L), q_2(L, p_2^*(L)))$$

$$(5-26)$$

结合式（5-25）与式（5-26）可得出结论 5-3。

由结论 5-2 与结论 5-3 可知，如果 L 类交互者在前期建立声誉并且在后期利用声誉，其将在前期损失部分效用。而前期建立的声誉在后期却会支撑更高的价格声誉，从而使其在后期获得更多效用。因而，理性的交互者将权衡轻重，如果所得大于所失，则在前期建立声誉；相反，则不建立声誉。

第三节　声誉与价格离散
——基于搜寻成本的分析

经典的搜寻理论认为市场竞争中价格离散现象的出现是由于搜寻成本的存在，而价格离散效应常常被认为是经济效率低下的表现。为了说明声誉在新兴网络经济交互市场中的作用，笔者将基于搜寻理论分析搜寻成本对交互价格水平和价格离散程度的影响。

一　基本模型

假设新兴网络经济市场中有 $M+N$ 个交互者（其中有 M 个买方，N 个卖方），交互者之间参与交互的物品是同质的，并且假设有 $M>N$（即买方数量远大于卖方数量，符合实际网络交易市场特点）。在 N 个卖方中，卖方的声誉有高的声誉 q_H 和低的声誉 q_L 两种类型。声誉是每次交互中来自交互对象的评价，所以 q_H 和 q_L 可以看作卖家所获得的好评率，因而有 $q_H>q_L$。即高声誉卖家数量占总的卖家数量的比重为 β，则低声誉卖家所占比重为 $(1-\beta)$。高声誉卖家对其出售物品的定价为 p_H，低声誉卖家对物品的定价为 p_L，同质物品的成本价格为 p_c。同样对于买家，也假设有高保留价格的买家和低保留价格的买家两种类型，并且两类买家占总的买家数量的比重分别记为 λ 和 $(1-\lambda)$，高保留价格买家的保留价格记为 $\bar{p}$，低保留价格买家的保留价格记为 $\underline{p}$，$\bar{p}>\underline{p}$。在新兴网络经济环境中，笔者认为，卖家的分布情况和交互物品的成本是公共的信息，所以有 $\bar{p}>p_c$，$\underline{p}>p_c$。

用 q_i 来表示卖家在交互活动中选择合作的概率（$i=H,L$）。对于买家而言，如果其选择了 q_i 类型的卖家则其预期卖家在未来交互过程中将会以概率 q_i 选择合作，以 $(1-q_i)$ 的概率选择欺骗。为方便分析，假设所有交互者（买家和卖家）都是风险中性的，记 d 为卖家选择欺骗时买家获得的效用，而当卖家选择诚信合作时，买家获得的效用为 $(\bar{p} - p_i)$ 或 $(\underline{p} - p_i)$，显然会有 $(\bar{p} - p_i) > d$ 和 $(\underline{p} - p_i) > d$。

假设买家可以随机地选择卖家进行交易，那么两类买家在交互过程中所获得的效用分别为：

高保留价格的买家：

$$\bar{U} = \beta\big[q_H(\bar{p} - p_H) + (1 - q_H)d\big] + (1 - \beta)\big[q_L(\bar{p} - p_L) + (1 - q_L)d\big] \tag{5-27}$$

低保留价格的买家：

$$\underline{U} = \beta\big[q_H(\underline{p} - p_H) + (1 - q_H)d\big] + (1 - \beta)\big[q_L(\underline{p} - p_L) + (1 - q_L)d\big] \tag{5-28}$$

新兴网络经济交互市场中，买卖双方均有选择交互对象的自由。假设若买家发现交互对象为 q_L 类型的卖家时，其可以选择不与其进行交互，而是继续付出 s 的搜寻活动，找寻更为合适的卖家。由于买家付出了努力，所以其发现 q_H 类型卖家的概率将会从 β 提高到 $(\beta + s)$，同时也使得发现 q_L 类型的卖家概率从 $(1 - \beta)$ 进一步降低到 $(1 - \beta - s)$。

若买家付出 s 的搜寻活动，假设其要付出的成本为 Nms^2 [①]，m 表示搜寻活动的效率，其越大搜寻活动的效率越低。

二　均衡分析

本书考虑仅一次交互的均衡情况。对于 q_H 类型的卖家而言，其选择降低物品出售价格，可以产生两个方面的影响：一方面这将会导致买家的搜寻活动的增加，增大其被选为交互对象的概率；另

---

① 假设搜寻成本为 Nms^2 具有一定的合理性：首先，搜寻到高声誉卖家概率的提高与买家数量有关。当卖家数量 N 增大时，买家付出的搜寻成本也相应地增加。其次，搜寻到高声誉卖家概率还与买家的搜寻活动的效率 m 有关，效率越高（即 m 越小）买家付出的搜寻成本也越少，反之，卖家付出的搜寻成本越高。最后，搜寻成本与 s 的平方成正比。一方面便于运算；另一方面因为网上交易市场相对于传统交易市场而言，买家付出的搜寻活动相对来说容易得多（传统市场买家要挨家实体店去看去找，而网上交易市场买家只需要使用搜索引擎），进而花费的搜寻成本也相对要少得多（尽管成本少，但仍然存在）。

一方面其所得效用也将因降价而有所损失。在这样一对此消彼长的关系中，q_H 类型卖家的最优化问题就可以表示为：

$$\begin{cases} \max\limits_{p_H} \dfrac{\beta + \lambda \bar{s} + (1 - \lambda) \underline{s}}{\beta N}(p_H - p_c) \\ s.t \quad p_H - p_c \geqslant 0 \end{cases} \qquad (5-29)$$

同理，可知 q_L 类型卖家的最优化问题可以表示为：

$$\begin{cases} \max\limits_{p_H} \dfrac{1 - \beta - [\lambda \bar{s} + (1 - \lambda) \underline{s}]}{(1 - \beta) N}(p_L - p_c) \\ s.t \quad p_L - p_c \geqslant 0 \end{cases} \qquad (5-30)$$

高保留价格的买家会在高声誉与低声誉卖家的定价策略下选择最优的搜寻活动 $\bar{s}$ 来最大化其效用，即：

$$\begin{cases} \max\limits_{\bar{s}} \left\{ \begin{array}{l} (\beta + \bar{s})[q_H(\bar{p} - p_H) + (1 - q_H)d] + (1 - \beta - \bar{s}) \\ [q_L(\bar{p} - p_L) + (1 - q_L)d] - Nm\bar{s}^2 \end{array} \right\} \\ \bar{s} \geqslant 0, \beta + \bar{s} \leqslant 1 \\ s.t. \end{cases}$$

$$(5-31)$$

同理，对于低保留价格的买家也有：

$$\begin{cases} \max\limits_{\underline{s}} \left\{ \begin{array}{l} (\beta + \underline{s})[q_H(\underline{p} - p_H) + (1 - q_H)d] + (1 - \beta - \underline{s}) \\ [q_L(\underline{p} - p_L) + (1 - q_L)d] - Nm\underline{s}^2 \end{array} \right\} \\ \underline{s} \geqslant 0, \beta + \underline{s} \leqslant 1 \\ s.t. \end{cases}$$

$$(5-32)$$

因此，高保留效用买家和低保留效用买家的最优搜寻活动分别为：

$$\bar{s} = \frac{q_H(\bar{p} - p_H) - (q_H - q_L)d - q_L(\bar{p} - p_L)}{2Nm} \qquad (5-33)$$

$$s = \frac{q_H(\bar{p} - p_H) - (q_H - q_L)d - q_L(\bar{p} - p_L)}{2Nm} \tag{5-34}$$

将式（5-33）、式（5-34）代入式（5-29）与式（5-30）中，分别可得到两类型卖家 q_H 和 q_L 的最优价格水平为：

$$p_H = \frac{2Nm(1 + \beta) + \lambda(q_H - q_L)(\bar{p} - \underline{p}) + (q_H - q_L)(\underline{p} - d) + p_c(2q_H + q_L)}{3q_H} \tag{5-35}$$

$$p_L = \frac{2Nm(2 - \beta) + \lambda(q_H - q_L)(\bar{p} - \underline{p}) + (q_H - q_L)(\underline{p} - d) + p_c(q_H + 2q_L)}{3q_L} \tag{5-36}$$

将式（5-35）、式（5-36）的计算结果再代入式（5-33）、式（5-34）中，可得不同类型卖家最高保留效用与最低保留效用分别为：

$$\bar{s} = \frac{2Nm(1 - 2\beta) - 2\lambda(q_H - q_L)(\bar{p} - \underline{p}) + (q_H - q_L)(3\bar{p} - 2\underline{p} - p_c - d)}{6Nm} \tag{5-37}$$

$$\underline{s} = \frac{2Nm(1 - 2\beta) - 2\lambda(q_H - q_L)(\bar{p} - \underline{p}) + (q_H - q_L)(\underline{p} - p_c - d)}{6Nm} \tag{5-38}$$

由式（5-37）和式（5-38）可得：

$$\bar{s} - \underline{s} = \frac{(q_H - q_L)(\bar{p} - \underline{p})}{2Nm} > 0 \tag{5-39}$$

因此有以下结论。

结论 5-4：高保留效用的买家将会投入更多的搜寻活动，并且随着卖家数量的增加而使搜寻活动之间的差距缩小。

从结论 5-4 中可以看出，保留价格较高的买家将有更多的激励来进行搜寻活动，以期能找到高声誉的卖家。同时，随着卖家数量的不断增多，也将会增大买家的搜寻成本，此时卖家也将会降低搜寻投入水平。

结论 5 - 5：（1）当 $m \geqslant \dfrac{\lambda(q_H - q_L)(\bar{p} - \underline{p}) + (q_H - q_L)(\underline{p} - p_c - d)}{2N(2 - \beta)}$

时，网络经济市场中搜寻活动的效率较低，此时高声誉卖家和低声誉卖 家 将 同 时 存 在； （2） 当 $m <$

$\dfrac{\lambda(q_H - q_L)(\bar{p} - \underline{p}) + (q_H - q_L)(\underline{p} - p_c - d)}{2N(2 - \beta)}$ 时，网络经济市场中搜

寻活动的效率较高，此时低声誉卖家将会被高声誉卖家逐步逐出网络 经济市场，最终销声匿迹。

下面给出结论 5 - 5 的证明过程。

证明： （1） 当 $m \geqslant \dfrac{\lambda(q_H - q_L)(\bar{p} - \underline{p}) + (q_H - q_L)(\underline{p} - p_c - d)}{2N(2 - \beta)}$ 时，

若 $\beta + \bar{s} \leqslant 1, \beta + \underline{s} \leqslant 1$ 并且 $\beta + \lambda \bar{s} + (1 - \lambda)\underline{s} \leqslant 1$ ，由式（5 - 36）可以看 出，约束条件：

$$p_L - p_c = \frac{2Nm(2 - \beta) - \lambda(q_H - q_L)(\bar{p} - \underline{p}) + (q_H - q_L)(\underline{p} - p_c - d)}{3q_L} \geqslant 0$$

为松弛约束条件，故 $p_H - p_c \geqslant 0$ 也为松弛约束条件，因而模型均 衡解均为最优解。此时低声誉卖家与高声誉卖家的定价均将高于成 本，所以较低的搜寻效率就会使得高声誉卖家和低声誉卖家同时存 在于网络经济交互市场。

（2） 当 $m < \dfrac{\lambda(q_H - q_L)(\bar{p} - \underline{p}) + (q_H - q_L)(\underline{p} - p_c - d)}{2N(2 - \beta)}$ 时，

$\beta + \bar{s} \leqslant 1$ ， $\beta + \underline{s} \leqslant 1$ ， $\beta + \lambda \bar{s} + (1 - \lambda)\underline{s} \leqslant 1$ 以及 $p_L - p_c$ 均为紧 约束，对于模型的均衡解而言有 $\lambda \bar{s}^* + (1 - \lambda)\underline{s}^* = 1 - \beta$ ， $p_L^* = p_c$ ，解得 $p_H^* = \dfrac{2Nm(3\beta - 2\lambda)}{2q_H} + p_c$ 。此时网络搜寻效率较高，高 声誉卖家的定价水平将略低于 p_H^* ，而且高声誉买家所进行搜寻活 动成本较低，市场竞争将使得低声誉卖家无利可图，最终退出网络 经济的交互市场。

从结论 5 – 5 中可以看出，较高的搜寻效率将使得买家付出更高水平的搜寻活动，以发现并选择与更高声誉的卖家进行交互。这对于 q_L 类型的卖家而言，其为了保证短期内的竞争力将不得不降低其定价水平，并最终因无利可图而被市场淘汰。

结论 5 – 6：在高声誉与低声誉卖家共存于交互市场中，若以下条件之一成立时：

$$（1）\ \beta \geqslant \frac{2q_H - q_L}{q_H + q_L}；\qquad （2）\ \beta < \frac{2q_H - q_L}{q_H + q_L}\ \text{且}\ m <$$

$$\frac{\lambda(q_H^2 - q_L^2)(\bar{p} - \underline{p}) + (q_H^2 - q_L^2)(\underline{p} - p_c - d)}{2N(2q_H - q_L - q_L\beta - q_H\beta)}，\text{那么网络市场中将出}$$

现价格离散效应，即高声誉卖家提供的产品价格较高，低声誉卖家提供的产品价格较低。

通过结论 5 – 6 可以推导出结论 5 – 7：

$$当\ \frac{\lambda(q_H - q_L)(\bar{p} - \underline{p}) + (q_H - q_L)(\underline{p} - p_c - d)}{2N(2 - \beta)} \leqslant m <$$

$$\frac{\lambda(q_H - q_L)(\bar{p} - \underline{p}) + (q_H - q_L)(\underline{p} - p_c - d)}{2N(2\beta - 1)}\ \text{时，高声誉卖家将比}$$

低声誉卖家拥有更高的市场份额。

证明：在不同声誉水平卖家存在于网络市场时，如果交互市场达到均衡，选择高声誉卖家与低声誉卖家的买家比例分别为 $[\beta + \lambda\bar{s} + (1-\lambda)\underline{s}]$ 及 $[1 - \beta - \lambda\bar{s} - (1-\lambda)\underline{s}]$，因而高声誉卖家与低声誉卖家所占的市场份额分别为 $\dfrac{\beta + [\lambda\bar{s} + (1-\lambda)\underline{s}]}{\beta N}$ 及

$$\frac{1 - \beta - [\lambda\bar{s} + (1-\lambda)\underline{s}]}{(1-\beta)N}。$$ 因此，高声誉卖家占有的市场份额将比低声誉卖家高出

$$\frac{2Nm(1 - 2\beta) + \lambda(q_H - q_L)(\bar{p} - \underline{p}) + (q_H - q_L)(\underline{p} - p_c - d)}{6N^2 m\beta(1-\beta)}。$$

在市场搜寻效率较低的情况下，由于较高的搜寻成本，无论哪

种类型的买家想要发现高声誉卖家都比较困难。高声誉卖家将付出更多的成本来找寻高能力的买家，这些成本将最终折现于产品的定价上，降低高声誉卖家的竞争能力。同时，低声誉卖家可以很容易地通过稍稍降低产品定价来弥补低声誉的劣势。所以这种情况下高声誉卖家不可能轻易地将低声誉卖家逐出市场。此时会在网络经济市场中形成一种出现价格离散效应的均衡，即高声誉卖家定价高，获取较高收益；低声誉卖家定价低，获取较低收益。

结论 5 – 8：当 $m \geq \dfrac{\lambda(q_H - q_L)(\bar{p} - \underline{p}) + (q_H - q_L)(\underline{p} - p_c - d)}{2N(2 - \beta)}$ 时，

高声誉卖家与低声誉卖家将同时存在于网络交互市场，市场中较高的搜寻效率将促使买家增加搜寻投入，此时均衡的结果中卖家商品定价将会降低，网络交互市场的效率将会提高。

证明： 在式（5 – 33）和式（5 – 34）中，若市场中搜寻效率提高，买家将会增加搜寻活动的投入。同时当 m 变小后，由式（5 – 35）和式（5 – 36）可以看出，卖家产品价格 p_H^* 和 p_L^* 会降低，这样就增加了买家消费者剩余，改善了网络经济交互市场的效率。

搜寻成本的存在将会使市场中存在价格离散现象，即在一个市场中同种商品存在不同价格分布的情况。结论 5 – 9 将说明市场中不同声誉水平卖家的数量对市场价格离散程度的影响。

结论 5 – 9：市场中高声誉卖家与低声誉卖家的数量比例将决定搜寻效率对市场中价格离散程度的影响，即：（1）当 $\beta > \dfrac{2q_H - q_L}{q_H + q_L}$ 时，市场中高声誉卖家数量多于低声誉卖家，买家搜寻效率的提高会降低市场中价格离散程度；（2）当 $\beta = \dfrac{2q_H - q_L}{q_H + q_L}$ 时，市场中高声誉卖家数量等于低声誉卖家数量，搜寻效率的提高不会对市场价格离散程度产生影响；（3）当 $\beta < \dfrac{2q_H - q_L}{q_H + q_L}$ 时，市场中高声誉卖家数量少于低声誉卖家数量，搜寻效率的提高则会增加市场中价格离散程度。

通过运用搜寻理论构建博弈模型对网络经济交互市场的均衡分

析，可以知道，在搜寻成本较高时，市场搜寻效率较低，低声誉的卖家总能通过降价来弥补低声誉劣势，市场中将同时存在不同声誉水平的卖家。此时的市场中将会出现价格离散现象，并且价格离散程度与高声誉与低声誉卖家比例相关。而在搜寻成本较低时，市场搜寻效率较高，买家将能以更低的成本获取高声誉卖家，而对于低声誉的卖家将会选择进一步降低产品价格，从而增加低声誉卖家被驱逐出网络经济交互市场的可能性。

本章小结

　　新兴网络经济中，交互个体间的信息共享更为自由和充分，而在这样一个虚拟的交互世界中由于信息的充分共享，与传统市场机制相比，价格信号的作用将被削弱，声誉信号将起一定的补充作用，交互准则呼唤基于合作的信任。本章首先分析了网络经济价格信号的离散效应，运用重复博弈模型解释新兴网络经济中合作产生的理论根源，然后结合信号理论分析价格信号与声誉信号的相互作用，最后构建声誉价格博弈模型进一步明晰价格离散与交易者声誉之间的相互关系，明确新兴网络经济中声誉信号的重要作用以及基于信任的合作式交互的重要性。

第六章　新兴网络经济主体行为方式

——基于声誉的交互选择

分布式生产与信任式合作将使得新兴网络经济成为供需对等的诚信网络，交互双方的声誉将成为决定交互进行与否的重要因素，声誉也便成为新兴网络经济中主体行为方式的新准则。本章将通过构建多维度的声誉模型为经济主体在新兴网络经济中选择交互对象提供有效途径。

第一节　基于声誉的交互选择

声誉是一个跨多学科的概念，在新兴网络经济中交互者的声誉是基于其他交互者对该交互者过去行为的观察或收集的信息，做出的对其未来行为的期望。黄（Huynh，2006）指出在开放式的网络经济环境中建立信任模型需要解决以下三个方面的问题：（1）声誉的表达；（2）声誉信息的来源；（3）声誉信息的汇总。目前对声誉的表达有两种主要的观点：认知观点主张运用反映评价主体逻辑思维信息的语义来描述声誉；数值观点则提倡采用概率等数学的方式来获取声誉的精确表达，并按一定的规则进行数学计算。两种方法各有优缺点，总的来说，认知观点比较适合于直观地描述对声誉的认识，数值观点则更便于声誉信息的计算与合成。用认识观点对声誉进行初始描述，然后设法将其转化为相应的数值表示，展开进一步的推理计算，这样可以综合两种方法的优势。

　　另一个是声誉信息的来源问题。K. 富勒姆等人（K. Fullam et al.，2006）指出声誉系统中必须有多种类型的信任来源评价声誉，避免由于某种信息缺失而导致评价失败。在现存的声誉模型中声誉信息的来源主要集中在两个方面：一是直接声誉，是交互者依靠自己的知识和以往交互中获得的直接经验判断得出的声誉，反映交互者的主观认识；二是间接声誉，是通过收集交互者所处的系统中其他交互者对目标交互者的观点，经推理得出的信任。最终的声誉是对这两种信息进行合成而获得。这样的模型对于处理系统中无任何交互经历的交互者（比如刚进入系统中的个体）声誉的评判显得有些无能为力，而且没有对新进的交互者进行能力及意图审核会给整个系统的稳定带来潜在威胁。费利克斯等人（Felix et al.，2009）指出对新入系统中的个体进行资质审查，评判其参与交互活动的实际能力，可以很好地处理这个问题。在模型中引入资质评级这一声誉信息来源进行更为全面合理的声誉评价显得十分必要。

　　最后是声誉信息的汇总问题。学者们研究了许多将声誉评价信息进行计算合成的方法，如统计（如著名的 FIRE 模型和 ReGreT 模型）、概率、信任理论、模糊推理、灰色系统等。这些方法在运用的时候，有的未顾及声誉目的的多维性，有的则忽略了信任的传递性要求。从声誉的定义可以知道，交互者之间的声誉必须基于一个特定的目的，而且随着交互者所进行的交互活动的改变，这个目的也常常不同。琼斯和罗皮尔斯（Jφsang & Lo Presti，2005）指出声誉的传递性要求规定对于目的不同的声誉评价不具有完全传递性，不能直接进行合成计算。建立多目的维度声誉模型在信任传递性要求下对来自不同目的的声誉信息进行合理合成计算，也是当前声誉模型急需解决的问题。

　　本章所构建的多维度声誉模型是在新兴网络经济的环境下基于信息来源多维性和交互目标多维性，对三种不同来源的声誉信息，根据其声誉目的的一致性进行合成计算，获得目标交互者的声誉评级。本章第二节将对新兴网络经济中声誉的多维性进行分析，重点介绍声誉信息来源及声誉信息目标的多维性；第三节将从声誉的表示、声誉的来源、声誉的修正和声誉的融合四个方面详述多维度模型构建的原理及过程；第四节将进行实例分析，通过对当前网络经济实体的例子验证模型的可行性与知用性；第五节分别对模型的效率及抗威胁性进行分析。

第二节　新兴网络经济中声誉的多维性

新兴网络经济中交互个体形成的分布式网络的生产分工以及基于声誉的信息共享式的合作交互，使得新兴网络经济成为一种供需对等的诚信网络。这样一个网络经济实体中，个体的声誉是多维性的，主要表现为声誉信息来源的多维性和声誉信息目标的多维性。

一　声誉信息来源多维性

声誉信息的来源是一个交互个体对另一个交互个体声誉认知的渠道。个体是通过一些在系统内表现出的信息来认识其他个体的，这些信息的来源是多维度的。诸多学者普遍认为，声誉信息的来源主要在于直接声誉和间接声誉两个方面。本书认为，在新兴网络经济实体中还存在着一个中间的权威机构定期对存活其中的个体进行资质评价，以此来构成新兴网络经济中的第三种声誉信息来源。

（一）直接声誉

直接声誉，是交互者依靠自己的知识和以往交互中获得的直接经验判断得出的声誉，反映交互者的主观认识。如图 $6-1$ 所示，A 对 B 的声誉是于它们之间直接交互的过程中积累出来的。

直接声誉是 A 对 B 的直接认识，每次交互活动的完成 A 对 B 形成新的认识。随着交互的不断进行，A 对 B 的直接声誉是基于上一时期的声誉在最近一次交互完成后的更新值。常理认为，接触的次数越多通常越能对对象了解更为深入，所以随着交互活动的不断进行，A 对 B 的声誉将越来越接近真实的值。

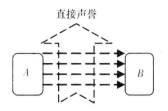

图 6 - 1　直接声誉

95

（二）间接声誉

间接声誉，是通过收集交互者所处的系统中其他交互者对目标交互者的观点，经推理得出的声誉，反映的是其他交互者对目标交互者的认识在评价交互者眼中的体现。如图 6 - 2 所示，A 对 B 的间接声誉是通过 C 对 B 的直接声誉与 A 对 C 的直接声誉传导得来的。

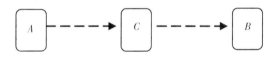

图 6 - 2　间接声誉

间接声誉是通过声誉的传递机理而得到的。学者琼斯和波普（A. Jφsang & S. Pope，2005）论证了声誉传递（Trust Transitivity）的存在性及条件。在图 6 - 2 所示的声誉传递过程中，A 对 B 的间接声誉与中间交互个体 C 的声誉直接相关。通常认为 C 的声誉越高，其对 B 的推荐更为可信。当存在多个中间交互个体时，还与 C 在所有中间个体中的权重相关。后文将对此做更为详细的论述。

（三）来自权威方的评价

当前盛行的声誉机制研究文献中声誉的内涵往往只包括直接声誉和间接声誉，这种理解能够反映系统中个体声誉的本质，即声誉是一个个体对另一个个体的能力及未来行动期望的认识，这种认识从个体之间交互活动中产生并随交互活动的进行而演变。如果个体没有进行交互活动，那么它也就不会得到声誉的评判，因而也难以确定其声誉。这就给刚进入系统中个体声誉的评定带来了困难。

在实际生产活动中（比如网上交易市场），参与者不仅有交互的双方，往往还存在着起监督作用的第三方。因此本书考虑在新兴网络经济环境中构建这样一个中间权威机构，它对每个交互者在其试图进入系统前进行公平合理的能力评价，并对存在于系统中的交互者定期进行能力评价，给出资质评定的结果并作为公共信息在整个系统中予以公布，如图6-3所示。这个资质的评定也就成为交互者声誉另一个维度的来源，其实质是对个体在交互活动中的意图及能力水平进行全方位的定位，以此来约束个体进入及保留在系统中的成本。

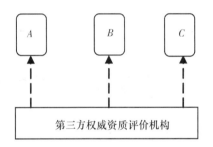

图6-3　第三方权威机构

二　声誉信息目标多维性

声誉的研究者们明确指出，声誉都是基于特定目标的声誉，如 A 对 B 的声誉是 A 认为 B 有能力和意愿完成某件事项而达到某个特定的目标，如图6-4所示。因此，依据声誉目标的不同，A 对 B 可以产生很多不同方面的声誉。这些来自不同声誉目标的声誉信息，就构成了声誉信息的目标多维性。琼斯和波普（A. Jøsang & S. Pope，2005）对声誉传递的系统研究证明，只有基于同一特定目的的声誉才具有完全的传递性。声誉信息目标的多维性给评判一个交互对象的综合声誉造成了不便。

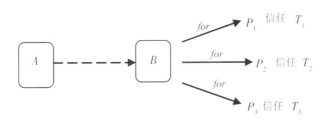

图6-4　声誉目标的多维性　　　　　　　　　　97

第三节　新兴网络经济中多维声誉模型

新兴网络经济被考虑为设计大规模且分布复杂系统的方法论，其中充斥着大量的不确定、不完全而导致的复杂局面。本书设计的多维度模型考虑解决新兴网络经济中交互者 i 对交互者 j 进行声誉评价的基本问题。评价中假设声誉信息来源于直接声誉评分、间接推荐声誉评分和第三方资质评级，并且认为每次交互活动都有特定目标，不同活动目标的评分需要进行修正才能满足信任的传递性要求。从声誉的表达、声誉信息的来源、声誉的修正以及声誉的融合四个方面来论述多维度模型的构建原理和过程。

一　声誉信息的表示

对信任的表示存在两种观点：认知观点和数值观点。认知的方法从社会心理学角度对声誉进行描述，符合人类的思维状态，其要求准确刻画及充分利用系统中交互者的认知结构。假设系统中所有交互者对声誉认识的所有结果组成一个集合 Θ ，并规定所有结果可按好坏次序进行排列，构成一个拥有 L 个级别的声誉评判识别框架 Θ ：

$$\Theta = \{V_l \mid l = 1,2,\cdots,L\} \tag{6-1}$$

对于任何评价级别 V_l 都给予准确的定性指标对其进行描述，交互者可以容易地依据这些指标对每次交互活动中对象交互者的声誉进行判定。认知的方法很好地解决了人们定性地认识和评判声誉的问题，然而在处理开放式、大规模的新兴网络经济中有关声誉的计算与合成问题时却也显得束手无策。这时本书考虑结合数值的观点来解决进一步的计算问题。

数值观点本质上是基于概率，具有主观性、不确定性和模糊性。交互者可以利用过去自己的直接经验和获得的声誉信息做出主观性评价，以此预测可能的合作伙伴在将来执行某一特定行为的概率。对于某一次交互活动中交互者的声誉评分是以不同的概率评价为识别框架中的不同等级。记 $\beta_{ij,l}$ 为交互者 i 评价交互者 j 在识别框架 Θ 中属于声誉级别 V_l 的概率值，其满足置信度不等式：

$$\sum_{l=1}^{L} \beta_{ij,l} \leqslant 1, \beta_{ij,l} \geqslant 0 (i = 1, 2, \cdots, n; l = 1, 2, \cdots, L) \qquad (6-2)$$

式（6-2）一方面，允许交互者 j 的评分以不同的置信度评定为识别框架 Θ 中的多个等级元素，便于更加准确地评判处于不同识别等级的不确定信息；另一方面，总的置信度不超过100%，对少于100%的部分则表示评判个体对相关信息的"未知性"。这种评价规则更能反映新兴网络经济的不确定性。

对于交互者 i 评价交互者 j 声誉评分的结果，可以直接以 $\beta_{ij,l}$ 的置信度形式来表示，也可以采用另一种更为直接的方式——期望声誉级别来表示：

$$E(\beta_{ij}) = \sum_{l=1}^{L} l\beta_{ij,l} \qquad (6-3)$$

在本书所构建的模型中，式（6-2）、式（6-3）两种形式均有采用。置信度的表示形式能够更为准确地对交互者所处声誉级别的分布进行描述，效果更为全面，便于精确地计算；期望声誉级别的表示形式从整体上对交互者声誉进行概括描述，便于从整体上对评价结果的简单认识。

二　声誉信息的来源

琼斯直接声誉和间接声誉是声誉信息的最主要来源，但仅从这两个方面来计算声誉会增加声誉系统的不确定性和风险。一方面，交互者对于彼此的能力水平只能通过实际的交易过程来判定；另一方面，任何能力水平的交互者随意进入系统也会增加系统有效运行的风险。本书在新兴网络经济环境中设定一个权威机构，对每个进入系统中的交互者进行资质评定，评判其能力水平。因此声誉模型包括三个方面的信息来源：（1）直接声誉；（2）间接声誉；（3）资质评定。

99

（一）直接声誉置信度

直接声誉是交互者依靠自己的知识和交互经历进行的评分。即交互者 i 对交互者 j 的直接声誉评价置信度为 $f_D(i,j)$，其为识别框架不同声誉等级置信度的集合，有：

$$f_D(i,j) = \{\beta_{ij,l} \mid l = 1,2,\cdots,L\} \tag{6-4}$$

（二）间接声誉置信度

间接声誉是通过收集评价交互者所处的社会中其他交互者对目标交互者的观点，经推理得出的信任。假设交互者 k 为系统中与交互者 j 产生过直接交互活动的交互者（$0 \leqslant k \leqslant K$，$K$ 为某一时期与交互者 j 直接产生过交互活动交互者的总数量），交互者 i 通过交互者 k 对交互者 j 的评价来推理得出其对交互者 j 的间接声誉置信度，记其为 $f_I(i:k{\rightarrow}j)$。$f_I(i:k{\rightarrow}j)$ 是在交互者 k 对交互者 j 直接声誉置信度评价 $f_D(k,j)$ 上的修正，修正计算需要考虑两个因素：（1）交互者 k 在对交互者 j 评价过程中的相对权重；（2）交互者 i 对交互者 k 推荐信任的可信度。

1. 交互者 k 的相对权重

在新兴网络经济中，不同的交互者在对另一交互者对象的声誉评价过程中所起的作用是不同的，应该赋予每个交互者不同的权重值。交互者的权重跟其与评判对象交互者的交易次数有关。一般而言，与评判对象交互者 j 交易次数越多的个体，就能更多地掌握交互者 j 的声誉信息，因此在评判过程中应赋予较大的权重。

假设在交互活动的某一时期内交互者 k 与交互者 j 的交互次数为 N_{kj}，记 $\max\limits_{1 \leqslant k \leqslant m} N_{kj} = N_{KJ}$，则交互者 k 的相对权重可以表示为：

$$w_k = \frac{N_{kj}}{N_{KJ}} , \ w_k \in (0,1] \qquad\qquad (6-5)$$

2. 交互者 k 的可信度

交互者 i 对交互者 j 的间接声誉置信度是通过信任交互者 k 的推荐信息而得到的。因此，需要考虑交互者 i 对每个交互者 k 推荐信息的信任度的描述，即交互者 i 在多大程度上相信交互者 k 对交互者 j 评价结果的真实性。这个信任度与交互者 k 当前的声誉级别直接相关，一般而言，对于声誉较好的交互者 k 其推荐结果应具有较高的可信度，反之则具有较低的可信度。假设其交互者 k 上一时段期望声誉评级结果为 $E_k(\beta_{*k})$ ，则 i 对其评价结果的信任度可表示为：

$$\delta_{ik} = \frac{E_k(\beta_{*k})}{L} \qquad\qquad (6-6)$$

因此，交互者 i 通过信任交互者 k 的推荐信息而得到的关于交互者 j 的间接置信度可以表示为：

$$f_I(i:k \rightarrow j) = w_k \delta_{ik} f_D(k,j) = \frac{N_{kj}}{N_{KJ}} \frac{E_k(\beta_{*k})}{L} f_D(k,j) \qquad\qquad (6-7)$$

（三）资质评定

对于在新兴网络经济中引入资质评定的声誉信息来源，可以有效地解决当前声誉系统中的两个难题：一是以第三方权威机构的资质评级结果作为初始声誉，解决了新个体的声誉评价问题；二是提高了系统中交互者的进入成本，可以有效地避免系统中潜在的"女巫攻击"（Sybil attack），维护系统稳定。

记 $g(j)$ 为权威机构某一时期对交互者 j 的资质评定结果，规定这个结果同样也存在于识别框架 Θ 中，有：

$$g(j) = \{\beta_{j,l} \mid l = 1,2,\cdots,L\} \qquad\qquad (6-8)$$

$\beta_{j,l}$ 表示交互者 j 被评定为识别框架 Θ 中声誉等级为 V_l 的置信度。可以采用多属性评价方法对交互者进行资质的评定，如世纪佳缘网通过新用户注册时上传真实信息证件种类和数量来给其诚信定级等。

三　声誉信息的修正

声誉模型的多维性体现在两个方面：（1）根据交互活动目标的不同，交互者 i 可以对交互者 j 按多个评价活动进行评价，称为评价目标的多维性；（2）声誉信息不仅包括从交互活动中产生的直接声誉和间接声誉，还包括从第三方权威机构获取的资质评定信息，称为信息来源的多维性。评价目标维度和信息来源维度的不同声誉信息需要进行修正才能进行进一步的合成。

（一）　不同评价目标维度的声誉修正

从严格意义上来讲，声誉信息的融合必须满足声誉传递性要求。在现实情况中，每个交互者会进行若干不同目标的交互活动（比如同一个商家会提供不同种类的产品和服务）。声誉传递性要求规定不同交互活动的评价结果不能直接进行融合，需要进行修正。

对于同一交互者而言，不同的交互活动之间是存在着较强的相似性的，即交互者在某个活动中表现出了较好的声誉，往往也会在其他活动中表现出较好的声誉，所以不同交互活动的声誉评价具有部分传递性。

记 P 为交互者 j 所能进行交互活动的总数目，引入活动相似算子 ρ_{pq}（$0 \leqslant \rho_{pq} \leqslant 1; p, q = 1, 2, \cdots, P$）来表示任意两个活动 p 和 q 之间的相似性，ρ_{pq} 可由专家打分法进行确定。当交互者 i 准备与交互者 j 进行目标为 o 的交互活动前，对其直接声誉评价、间接声誉评价和资质评级的置信度分别修正为：

$$\begin{cases} f_{oD}(i, j, o) = \rho_{op} f_D(i, j, p) \\ f_{oI}(i: k \to j, o) = \rho_{oq} f_I(i: k \to j, q) \\ g(j, o) = \rho_{og} g(j) \end{cases} \tag{6-9}$$

式（6-9）中，$f_D(i, j, p)$ 为交互者 i 对交互者 j 的关于活动 p 的直接声誉评价为结果；$f_I(i: k \to j, q)$ 为交互者 i 通过信任交互者 k 的推荐信息而得到的关于交互者 j 的间接声誉；ρ_{og} 为资质评价对目

标活动 o 的相似折算子。

活动相似折算子是用来刻画两个交互活动在多大程度上是相似的，被修正后的置信度保留了活动中相似的程度而剔除了不同的成分，因此可以认为修正后的置信度满足声誉传递性原则的。

（二）不同信息来源维度的声誉修正

102

不同声誉来源的信息评价在合成声誉的过程中往往存在着不同的权重。当交互者 i 与交互者 j 进行过多次直接交互时，个体就会更依赖于直接声誉，此时直接声誉信息的权重就非常大；当交互者 i 与交互者 j 没有进行过直接交互时，个体则会依赖于来自第三方权威机构的资质评价以及其他个体推荐的间接声誉。记交互者 i 对交互者 j 声誉评价过程中直接声誉、间接声誉以及资质评价三种信息的权重分别为 W_D、W_I 和 W_G，$W_D + W_I + W_G = 1$（W_D，W_I 和 W_G 亦可由专家打分法确定）。因此，三种信息来源维度的声誉信息分别修正为：

$$\begin{cases} W_D f_{oD}(i,j,o) \\ W_I f_{oI}(i:k \rightarrow j,o) \\ W_G g(j,o) \end{cases} \qquad (6-10)$$

表 6 - 1 列出了声誉信息置信度修正算子及其获取途径和方法。

表 6 - 1　　　　　　　声誉信息置信度评定修正

信息来源	初始评定	修正算子				最终结果
		Agnet k 权重	Agnet k 可信度	活动相似因子	信息权重	
直接声誉	$\beta_{ij,l}^p$	—	—	ρ_{op}	W_D	$W_D \rho_{op} \beta_{ij,l}^p$
间接声誉	$\beta_{kj,l}^q$	w_k	δ_{ik}	ρ_{oq}	W_I	$W_I \rho_{oq} \delta_{ik} w_k \beta_{kj,l}^q$
资质评级	$\beta_{j,l}$	—	—	ρ_{og}	W_G	$W_G \rho_{og} \beta_{j,l}$
算子获取途径及方法		交互者 j 的交互记录次数	基于上一时期交互者 k 的声誉	专家打分	专家打分	

四 声誉信息的融合

不同维度的声誉信息评价存在着不确定性和不一致性等问题，本书采用 Dempster 组合规则对不同的评价信息进行融合，能够较好地处理评价过程中的这些问题。

（一）可信度函数矩阵

定义直接声誉可信度函数：

$$r_{ij,l}^{p} = W_D \rho_{op} \beta_{ij,l}^{p} \tag{6-11}$$

剩下的不能进一步分配的信度为：

$$r_{ij,\varphi}^{p} = 1 - \sum_{l=1}^{L} r_{ij,l}^{p} \tag{6-12}$$

同理可以得到间接声誉可信度函数和资质评价可信度函数分别为：

$$r_{kj,l}^{q} = W_I \rho_{oq} \delta_{ik} w_k \beta_{kj,l}^{q} , \quad r_{kj,\varphi}^{q} = 1 - \sum_{l=1}^{L} r_{ij,l}^{q} \tag{6-13}$$

$$r_{j,l} = W_G \rho_{og} \beta_{j,l} , \quad r_{j,\varphi} = 1 - \sum_{l=1}^{L} r_{j,l} \tag{6-14}$$

$r_{kj,\varphi}^{q}$ 和 $r_{j,\varphi}$ 分别表示间接声誉和资质评价置信度中剩下的不能进一步分配的信度。

将所有可信度函数可以组成在识别框架 Θ 的可信度函数矩阵 R，有：

$$R_j = \begin{bmatrix} r_{ij,1}^{p} & \cdots & r_{ij,L}^{p} & r_{ij,\varphi}^{p} \\ r_{kj,1}^{q} & \cdots & r_{kj,L}^{q} & r_{kj,\varphi}^{q} \\ r_{j,1} & \cdots & r_{j,L} & r_{j,\varphi} \end{bmatrix} \equiv \begin{bmatrix} r_{11} & \cdots & r_{1l} & \cdots & r_{1L} & r_{1\varphi} \\ \vdots & \ddots & \vdots & \ddots & \vdots & \vdots \\ r_{m1} & \cdots & r_{ml} & \cdots & r_{mL} & r_{m\varphi} \\ \vdots & \ddots & \vdots & \ddots & \vdots & \vdots \\ r_{M1} & \cdots & r_{Ml} & \cdots & r_{ML} & r_{M\varphi} \end{bmatrix}$$

$$\tag{6-15}$$

式（6-15）中，m 为三种声誉信息来源的置信度评价的数目，$1 \leq m \leq M$。

（二）融合规则

Dempster 合成规则具有结合律，这里介绍一种合成的递归计算方法。

假设声誉信息的置信度评价数量 $m = 2$ 时，有：

$$R_j(V_l) = (1 - \zeta_2)^{-1}(r_{1l}r_{2l} + r_{1l}r_{2\varphi} + r_{1\varphi}r_{2l}) \tag{6-16}$$

$$R_j^{\varphi}(V_L) = (1 - \zeta_2)^{-1}r_{1\varphi}r_{2\varphi} \tag{6-17}$$

式（6-16）、式（6-17）中，ζ_2 表示声誉信息置信度评价 r_{1l} 与 r_{2l} 的冲突程度，$\zeta_2 = \sum_{s=1}^{L} \sum_{L} r_{1s}r_{2l}$，$s, l$ 分别表示识别框架 V_l 中不同的评价等级。ζ_2 越大冲突程度就越大，反之越小。$(1 - \zeta_2)$ 为归一化因子，它的存在会缓解声誉信息置信度评价的不一致性问题。

由此可得，当 $m = t + 1(t = 1, 2, \cdots, M - 1)$ 时，合成法则的递归算法公式为：

$$R_j(V_l) = (1 - \zeta_{t+1})^{-1}(r_{t,l}r_{t+1,l} + r_{t,l}r_{t+1,\varphi} + r_{t,\varphi}r_{t+1,l}) \tag{6-18}$$

$$R_j^{\varphi}(V_L) = (1 - \zeta_{t+1})^{-1}r_{t,\varphi}r_{t+1,\varphi} \tag{6-19}$$

式（6-18）、式（6-19）中，$\zeta_{t+1} = \sum_{s=1}^{L} \sum_{L} r_{t,s}r_{t+1,l}$，含义与 ζ_2 相同。

运用以上合成方法可以得到交互者 i 对交互者 j 最终的声誉评价结果为：

$$R_j(V) = \{R_j(V_l), R_j^{\varphi}(V_L) \mid l = 1, \cdots, L\} \tag{6-20}$$

第四节　实例研究

一　实例背景

本节分析在电子购物平台上多维声誉模型的适用性。购物者需要购买特定产品 A，网站上共有 5 个商家提供同质同价的产品 A，5 个商家除向消费者提供产品 A 之外还至少提供一种其他的产品（见表 6-2），其中商家 5 是新注册的网店，还未进行过任何交易。

购物者需要通过对这 5 个商家声誉的判别选定最终交易对象。

二 算例分析

首先，构建声誉评判识别框架。目前多数大型电子购物网站（淘宝网、亚马逊、当当网等）采用 5 星级声誉评价的方式，星级与评分相应，平均加权每个购物者的评分获得最终商家声誉评分。本书在此基础上构建 5 星级别声誉评价识别框架 Θ ：

$$\Theta = \{V_1, V_2, V_3, V_4, V_5\} \tag{6-21}$$

其中 V_1 代表 1 星级，表示"声誉很差，完全不值得信任"；V_2 代表 2 星级，表示"声誉较差，不值得信任"；V_3 代表 3 星级，表示"声誉一般，可以考虑信任"；V_4 代表 4 星级，表示"声誉较好，值得信任"；V_5 代表 5 星级，表示"声誉很好，完全值得信任"。每次交易后买主对商家进行声誉级别的概率值评价，获得初始声誉置信度评价值。

其次，获取三种信息来源的声誉评价。5 个商家中仅有商家 3 和商家 4 与购买者分别有过产品 B 和产品 D 的交易历史，因此可获得两商家分别关于产品 B 和产品 C 的直接声誉评价；间接声誉为各商家每种产品前一次历史交易的评价结果，除商家 5 刚注册进入系统无历史交易记录外，其余商家的每种产品均可获得间接声誉的评价；每个商家的资质评价可从网站的第三方权威监督机构获得。至此可获得三种声誉来源的初始声誉置信度评价，如表 6-2 所示。

再次，对声誉信息的修正。对来自不同目标维度的声誉评价的修正，网站可以通过专家打分确定每个商家提供产品 A 与提供其他产品以及总体资质的相似折算子 ρ_{op}、ρ_{oq} 和 ρ_{og}；间接声誉的修正还与前次历史交易中交易对象的相对权重与可信度有关，在网站交易系统记录交易者交易次数以及声誉评级的基础上，通过式（6-5）、式（6-6）计算获得 w_k 和 δ_{ik}，修正系数的最终计算结果如表 6-2 所示。对不同信息来源维度的声誉修正，运用德尔菲法确定三种不同信息来源的权重，结果如下：当同时存在三种声誉信息

105

表 6-2　5 个商家不同产品的三种声誉信息初始声誉及修正系数

商家	产品	直接声誉及修正系数 $\beta^P_{ij,l}$ V_1	V_2	V_3	V_4	V_5	ρ_{op}	间接声誉及修正系数 $\beta^q_{ij,l}$ V_1	V_2	V_3	V_4	V_5	ρ_{oq}	w_k	δ_{ik}	资质评价及修正系数 $\beta_{j,l}$ V_1	V_2	V_3	V_4	V_5	ρ_{og}
1	A	—	—	—	—	—	1	0	0	0	0.90	0.05	1	0.89	0.94	0	0	0.10	0.85	0.05	0.95
1	B	—	—	—	—	—	0.95	0	0.05	0.10	0.80	0.03	0.95	0.96	0.78						
2	A	—	—	—	—	—	1	0	0	0.30	0.65	0.05	1	0.95	0.63	0	0	0.18	0.75	0.02	0.95
2	C	—	—	—	—	—	0.80	0	0	0.05	0.93	0	0.80	0.98	0.91						
3	A	—	—	—	—	—	1	0.01	0.01	0.09	0.89	0.08	1	1	0.88	0	0	0.08	0.88	0.05	0.95
3	B	0	0	0.10	0.80	0.10	0.95	0	0	0.09	0.89	0.05	0.95	0.75	0.85						
3	C	—	—	—	—	—	0.80	0.10	0.15	0.02	0.93	0.05	0.80	0.86	0.94						
4	A	—	—	—	—	—	1	0	0	0.05	0.82	0.13	1	0.93	0.87	0	0	0.12	0.81	0.02	0.95
4	B	—	—	—	—	—	0.95	0	0	0.20	0.76	0.03	0.95	0.88	0.70						
4	C	0	0	0	0.90	0.10	0.80	0	0.15	0.25	0.45	0.05	0.80	0.92	0.42						
4	D	—	—	—	—	—	0.87	0	0	0.05	0.90	0.05	0.87	0.90	0.90						
5	A	—	—	—	—	—	1	—	—	—	—	—	1	—	—	0	0	0.10	0.80	0.10	0.95
5	E	—	—	—	—	—	0.90	—	—	—	—	—	0.90	—	—						

注:"—"表示该项评价不存在。

来源时，权重 $\{\omega_D, \omega_I, \omega_G\} = \{0.7, 0.2, 0.1\}$，所以相对权重 $\{W_D, W_I, W_G\} = \{1, 0.29, 0.14\}$；当只存在间接声誉信息与资质评价信息时，权重 $\{\omega_D, \omega_I, \omega_G\} = \{0, 0.6, 0.4\}$，相对权重 $\{W_D, W_I, W_G\} = \{0, 1, 0.67\}$；当只存在资质评价信息时，权重 $\{\omega_D, \omega_I, \omega_G\} = \{0, 0, 1\}$，相对权重 $\{W_D, W_I, W_G\} = \{0, 0, 1\}$。

107

通过修正后的声誉评价信息如表 6－3 所示。

表 6－3　　　5 个商家关于提供产品 A 的声誉评价修正结果

商家	声誉置信度 r_{ml}					$r_{m\varphi}$	评价信息来源
	V_1	V_2	V_3	V_4	V_5		
1	0	0	0	0.753	0.042	0.205	间接声誉评价
	0	0.036	0.071	0.569	0.021	0.303	间接声誉评价
	0	0	0.064	0.541	0.032	0.364	第三方资质评价
2	0	0	0.180	0.389	0.030	0.402	间接声誉评价
	0	0	0.036	0.663	0	0.301	间接声誉评价
	0	0	0.115	0.477	0.013	0.395	第三方资质评价
3	0	0	0.095	0.760	0.095	0.050	直接声誉评价
	0	0	0.079	0.783	0	0.138	间接声誉评价
	0.002	0.002	0.016	0.156	0.014	0.810	间接声誉评价
	0	0	0.013	0.601	0.032	0.353	间接声誉评价
	0	0	0.011	0.117	0.007	0.866	第三方资质评价
4	0	0	0	0.783	0.087	0.130	直接声誉评价
	0	0	0.040	0.663	0.105	0.191	间接声誉评价
	0	0	0.117	0.445	0.018	0.421	间接声誉评价
	0.031	0.046	0.077	0.139	0.015	0.691	间接声誉评价
	0	0	0.010	0.184	0.010	0.796	间接声誉评价
	0	0	0.016	0.108	0.003	0.874	第三方资质评价
5	0	0	0.095	0.760	0.095	0.050	第三方资质评价

最后，是对修正后的声誉评价进行合成。运用 Dempster 合成

规则，按照式（6-16）、式（6-17）对修正后的信息进行融合，得到以下每个商家在提供产品 A 的声誉评价结果，如表 6-4 所示。

从期望声誉级别的判断可知，5 个商家的声誉评价结果均处于"3 星级"与"4 星级"之间，并且商家 3 最接近"4 星级"，最"值得信任"，因此购买者应选择商家 3 作为交易对象。

表6-4　　　5个商家关于提供产品 A 的最终声誉评价结果

商家	信誉置信度						期望信誉级别
	V_1	V_2	V_3	V_4	V_5	$r_{m\varphi}$	
1	0.0000	0.0035	0.0131	0.9427	0.0117	0.0291	3.8171
2	0.0000	0.0000	0.0723	0.8543	0.0073	0.0662	3.6341
3	0.0000	0.0000	0.0110	0.9809	0.0056	0.0025	3.9566
4	0.0004	0.0006	0.0070	0.9665	0.0164	0.0091	3.8886
5	0.0000	0.0000	0.0950	0.7600	0.0950	0.0500	3.3250

第五节　模型效率及抗威胁性

新兴网络经济中交互者是基于合作来完成特定的交互活动任务的。声誉模型的设计是提供一种激励机制使交互活动向最有效的合作方向进行。在交互者之间交互过程中，由于系统环境复杂及交互双方的信息不对称等，系统中常常会出现交互者为了自身利益而欺骗交互对象或在交互活动中不尽力等现象，使新兴网络经济的效率低下，威胁整个系统的安全。

一　新进交互者的声誉

对于新加入系统中的交互者的声誉问题的处理是构建声誉模型要解决的一个重要问题。K. 富勒姆等人（K. Fullam et al. 2005）指出在竞争环境的声誉模型要快速地对新进入系统中的交互者构建模型，黄（T. Huynh，2006）针对新兴网络经济中交互者数量多、可自由进出等特点着重提出声誉模型必须让新加入的交互者也能够自主地获得有关信息。著名的 FIRE 模型采用由目标交互者主动向评价交互者提供第三方参考信息（Certified Reputation，CR）来获取初始进入者的声誉，经实践证明 CR 在提高系统性能方面起到了非常重要的作用。

本书所构建的声誉模型模拟现实中有监督方的系统，在声誉信息来源维度中引入中立的第三方权威机构对新进系统中的交互者进行资质评价。新加入系统中的交互者，与系统中其他的交互者没有产生过任何交互活动，不会获得其他交互者对其声誉的评价值，所以其初始声誉值为第三方权威机构对其的资质评价值，即：

$$R_{new(A)} = g(A) \hspace{3cm} (6-21)$$

新进入系统中的交互者 A 将以此声誉为基础，在系统中与其他交互者进行交互活动并对声誉进行不断更新。

二 主动给予评价的激励

琼斯等人（Jøsang et al.，2007）指出，系统中缺少主动提供评分的激励也是当前声誉机制面临的一个比较难以解决的问题。多维度模型中将交互者的评价权重与交互者给予有效评价的次数相关联，可以在一定程度上激励交互者主动给予评价。由式（6-5）知交互者 k 的权重参数 w_k 与其参与交互活动的次数 N_{kj} 相关，参与交互活动的次数 N_{kj} 越大，其在评价过程中的权重 w_k 就越大，在声誉评价中起到的作用就越大。在多维度模型中交互活动的次数是依据交互活动后给予的评价数来决定的，即给出一次交互活动评分才算一次有效的交互。对于只进行交互活动而不给予评价的交互者不会获得更大的交互次数，这就对系统中的交互者主动提供活动评分起到积极的激励作用。

三 模型的抗威胁性

费利克斯（Felix，2009）详尽地归纳总结了声誉系统中最常见的八种关键性的安全威胁，提出了应对建议与策略。根据费利克斯的研究结论，对于常见的这八种安全威胁，在本书所构建的多维度声誉模型中均能够得到较好的处理或一定程度的缓解。其中区别个体推荐的间接声誉评价与其可信度是解决多数安全威胁的有效方法，对于处理"Malicious collectives"、"Malicious collectives with camouflage"、"Malicious spies"、"Driving down the reputation of a reliable peer"等问题均能有效解决；对最常见的"Individual malicious peers"问题，一般的声誉淘汰机制就能避免；对于存在于系统潜在的"Sybil attack"（"女巫攻击"），可以通过增加个体生成成本得以缓解；对网络系统中的"Man in the middle attack"问题，应用密码授权机制可以很好地解决；给予不同服务活动不同评分的办法可以大大降低"Partially malicious collectives"的风险。表 6 – 5 详细地列出了费利克斯提出这八种安全威胁的分类和多维模型的处理方法及效果。

表 6 – 5　　　　　　　　　　模型的抗威胁性

序号	安全威胁分类	应对建议	多维度模型的处理参数（方法）
1	Individual malicious peers	声誉淘汰机制	DS 声誉更新规则
2	Malicious collectives	区别个体的声誉和其推荐声誉的可信度	δ_{ik} , w_k
3	Malicious collectives with camouflage	区别个体的声誉和其推荐声誉的可信度	$f_I(i:k \rightarrow j,q)$ 与 δ_{ik} , w_k
4	Malicious spies	区别个体的声誉和其推荐声誉的可信度	$f_I(i:k \rightarrow j,q)$ 与 δ_{ik} , w_k
5	Sybil attack	增加个体生成成本	$g(j)$
6	Man in the middle attack	应用密码授权机制	第三方权威机构的监管
7	Driving down the reputation of a reliable peer	区别个体的声誉和其推荐声誉的可信度	$f_I(i:k \rightarrow j,q)$ 与 δ_{ik} , w_k
8	Partially malicious collectives	对不同服务活动给予不同评分	$f_D(i,j,p)$ 和 $f_I(i:k \rightarrow j,q)$, ρ_{pq}

　　费利克斯还对比分析了六种不同的声誉模型对八种安全威胁的处理效果。在其研究的基础上，将本书的多维度声誉模型与这六种

模型进行效率及抗威胁性的对比，结果见表6－6所示。

表6－6　　　　　模型的效率及抗威胁性对比

111

对比项目	声誉模型						
	Eigen Trust	Peer Trust	BTRM－WSN	Power Trust	ATSN	DW Trust	多维度模型
新进者声誉	×	×	√	×	×	×	√
评价激励	×	~	~	×	~	×	~
Individual malicious peers	√	√	√	√	√	√	√
Malicious collectives	√	√	√	√	√	√	√
Malicious collectives with camouflage	√	√	√	√	√	√	√
Malicious spies	~	~	~	~	~	~	√
Sybil attack	√	~	~	~	~	~	√
Man in the middle attack	~	√	√	~	~	~	√
Driving down the reputation of a reliable peer	~	√	√	~	~	~	√
Partially malicious collectives	~	√	√	~	~	√	~
√：解决；×：无效；~：缓解							

资料来源：Felix Gomez Marmol, Gregorio Martinez Perez, "Security threats scenarios in trust and reputation models for distributed systems", *Computer & Security*, vol. 28, 2009.

本章小结

在新兴网络经济中引入声誉机制是解决交互者间复杂交互问题、促进合作的有效途径。文章首先从声誉的表达、声誉信息的来源、声誉信息的修正以及声誉信息的融合四个方面来论述多维度模型的构建原理和过程：结合了认知观点和数值观点两种声誉表达方式的优势构造了声誉的置信度表示形式和期望声誉级别表示形式；引入了第三方权威机构的资质评价作为另一种声誉信息的来源，避免由于信息缺失而导致评价的失败；分别从评价目标多维性和信息来源多维性对初始声誉置信度评价进行修正，引入了活动相似算子及信息来源权重值，解决了不同目标活动评价不具完全传递性和不同声誉信息赋予不同权重的问题，使评价更趋合理；针对新兴网络经济中复杂多变的情况，运用 Dempster 合成规则在处理不确定性信息方面的优势，对修正后的所有声誉评价值进行合成计算并获得最终声誉评价。本章还通过对电子购物平台上多维声誉模型的实例分析，证明了模型的适用性与有效性。本章最后对模型的效率与抗威胁性进行了检验。多维度声誉模型彻底解决了新进交互者的声誉赋值问题，可以在一定程度上激励交互者主动给出交互评价，而且能很好地解决或缓解分布式系统中关键的八种安全威胁。

多维度声誉模型可以有效地处理当前新兴网络经济声誉系统中信息缺失和不精确等问题，对于增强交互者之间的信任程度、提高合作决策水平，具有理论指导意义和实际应用价值。进一步的工作是要构建以多维度模型为核心的声誉系统并研究系统运行效率等。

第七章　新兴网络经济运行方式

——低碳可持续

　　节能减排对经济发展的促进作用是显著的，新兴网络经济将具有独一无二的低碳性，能源的节约有利于推动经济的可持续发展。本章将进一步分析新型分布式网络经济的低碳性，运用熵理论构建新兴网络经济低碳节能的系统模型，强调新兴网络经济低碳的运行方式对经济可持续发展的重要推动作用。

第一节　新兴网络经济低碳性分析

　　低碳经济成为世界经济发展中的焦点。在 2010 年哥本哈根会议上，"发展低碳经济"已经成为与会各国的共识。我国政府承诺：到 2020 年 GDP 单位碳排放量将比 2005 年减少 40%—45%。低碳经济的乐章已经奏响。随着互联网在日常生活中的不断渗透，新兴网络经济悄然萌生。全新的经济模式，全新的交互方式，不仅节约时间精力，增加了交互乐趣，更在许多方面减少了对物质资源的损耗。据权威数据统计，在网络上搜索 850 次所带来的碳排放量才相当于印刷发行 1 张报纸的碳排放量。在新兴网络经济中 850 次搜索带来的结果可能是几十次甚至几百次的交易，可见作为新型经济发展势头的网络经济已成为绿色低碳经济发展的重要引擎。

　　新兴网络经济作为一种新的商业模式初露端倪，和传统的市场交易方式相比，新兴网络经济中的交互更适合低碳经济的发展要求，符合低碳经济的发展理念，主要表现在以下三个方面。

第一，新兴网络经济是信息的累积、序化与整合的经济。充分信息是一种状态，是趋向于完全的信息发掘和反映。但是信息的充分并不直接代表信息的有序组合，并不必然产生人们对信息利用效率的提高，并不必然对应着信息价值在经济活动中的实现。简单的信息堆积是没有意义的，要让网络中流淌的信息发挥作用，体现价值，就必须把网络上积聚的大量信息进行整合、排序，以便能够为生产生活有效服务，这样网络经济的生命力和意义才能体现出来。网络经济首先是不同信息主体提供的大量信息的积累，然后是信息的组织化程度的提高，也就是信息的序化和整合。信息的序化是通过各种信息工具来进行的。例如，网络中的搜索引擎，逐渐具备了对信息的整理和分辨的能力，可以帮助人们从浩如烟海的信息中寻找到符合需要的信息。例如，网络商店的信息系统对消费者的购买活动留有记录，消费者下一次购买的时候，网络会根据消费群体以及个人的爱好，提供新的相关商品或服务的信息，辅助消费者进行选择，其中有些信息是非常有价值的。这两个例子仅仅是众多网络信息工具中的点滴而已。网络经济还处在发展的初级阶段，人们对网络的利用和驾驭还没有达到游刃有余的程度，还有广阔的空间有待开拓。随着网络经济的日益深入，人们对网络上的信息利用能力将越来越强，越来越多的有效信息工具将把网络上积累的大量信息进行排序、整理。表现在人们面前的将不再是杂乱的信息，而是一个清晰、可达的电子风景图。这种信息的有序组合对物质生产的引导作用将比无序信息的作用高效许多，信息的价值将被放大，从信息的网络积累、联结和自序中将体现信息对生产力提高的巨大作用。

第二，新兴网络经济是一种无时滞的市场。在1858年第一条穿越大西洋电报电缆铺设后，当时人们说"在传送情报方面彻底消灭了空间和时间"。其实只有在互联网出现之后，这句话才真正找到了变成现实的途径。网络市场是一个瞬间联通的世界，在网络市场上的交易（与信息相关的部分）是没有时间间隔的。股票交易是一个很好的例子，在没有开始网上股票交易之前，购买者只能到交易所里去填写单子，经过一些步骤，才能完成股票交易，这个过程可能是几分钟，为此准备的时间则更长。当网上交易推出之后，人们可以节约很多时间成本，购买者可以把要购买的数量和价格填写在电子表格之中，等待合适的时机，轻轻点击鼠标来完成交易，整个过程就需要几秒钟，实现瞬时交易。在北京发出的一份购买大豆的订单，在零点几秒钟之后就会被黑龙江的厂商接到，黑龙江厂商对订单的回复也会在零点几秒钟之后被北京的购买者接到，购买者只要在回复上点击一下确认，交易就可以达成。剩下的就是物流的流动了。网络市场是如此地节约时间。时间是终极的生产要素，节约时间是人们经济行为追求的至高目标。现代经济的基本规律之一就是经济活动的节奏越快，其创造的价值就越大，之所以如此，就在于快速经济活动相对于慢速经济活动，在单位时间里能实现更大的经济价值。网络的时间节约功能是迄今为止时间节约的最高形式，网络运行的时空一体化使单位经济活动的时间耗费大幅度降低。从网络在世界各地和各个领域的广泛应用中不难看出，网络所创造的一切行为方式都是时间成本的节约。在这个意义上说，网络是一个零时滞的市场，网络所提供的快捷与便利使市场中的各种行为都能最大地节约时间成本，让市场的运行速度与效率大大提高。这无疑对市场竞争程度的提高起到了推动作用。

第三，新兴网络经济是一个低壁垒的市场。互联网给予了各个经济主体平等竞争的机会，这种机会在互联网上是没有哪一种力量可以限制的。以往工业巨人借以压倒对手的规模优势、成本优势以及固定的供销渠道等优势在互联网这个虚拟空间中的作用比前网络时代都有所减弱。更为突出的是，网络市场的进入壁垒要比网下经济小很多。在现实世界中，一个卖者进入不同的市场有不同的难度，进入一个农贸集市的成本是比较小的，但一个商家想到上海的南京路开一家商店就要花很大的费用。这一点在互联网的市场就有所不同。随着中小网站制作公司的增多，商家为自己开一个网上商店不再需要太多的费用。一个小商店完全可以和一个大商店有同样气派的网页，有同样琳琅满目的商品陈列，有一个同样响亮的网上名字——"．com"。在互联网上所有的一切对于刚来的商家都是

115

平等的，这不像一个坐落在王府井的商店比在大有庄（北京的西北角，中共中央党校附近，比较偏僻）的一家商店有着明显的地缘优势，同样质量的商品不会因为在王府井卖就比在大有庄卖要贵一些。每个商店在网上的家（租用的空间，也就是网站在每个计算机硬盘上存储）的价格都是一样的。这一切让网络商店的开设变得容易，进入的壁垒很低。互联网作为一种市场的载体和组织的形式，减少了企业进入的壁垒，减少了企业经营的成本，小公司能从以较小的成本完成在现实实物市场上要花费很大成本才能做到的一切，这有利于竞争程度的提高。

第二节　经济熵与经济发展系统模型

一　经济熵与经济发展程度

熵的本质是指一个系统的混乱程度，同样在经济系统中本书认为，经济熵是指系统在组织、制度、信息、资源、空间等方面表现出的功能失效，以及由此引起的混乱、冲突和对抗等经济无序而产生的总体效果。

经济发展程度与经济的有序性存在着一定的正相关关系，用函数式表示如下：

$$DE = f(T) \qquad\qquad (7-1)$$

其中，DE 为经济发展程度；T 表示经济系统的有序程度。按照前述分析可知 $f(T)$ 为 T 的单调递增函数。

经济的有序程度可以表示为与经济系统熵值相关的函数：

$$T = g(\Omega) \qquad\qquad (7-2)$$

其中，Ω 表示经济系统中的熵特征值。通常系统中的熵值越高系统的有序程度越低，因而 T 为 Ω 的单调递减函数。

而由熵的定义 $E = Kln(\Omega)$ 知：

$$\Omega = h^{-1}(E) \qquad\qquad (7-3)$$

式（7-3）为一个递增函数。

联立式（7-1）、式（7-2）、式（7-3）有：

$$DE = f(g(h^{-1}(E)))\qquad\qquad (7-4)$$

所以，经济发展程度实质上可以表示为一个关于经济熵增的递减函数，如图 7-1 所示。

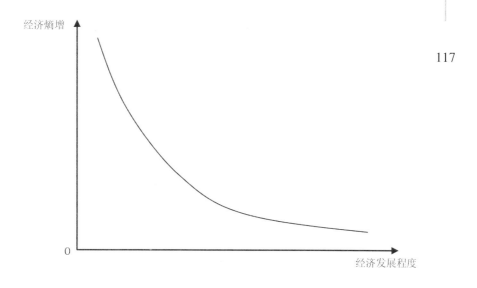

图 7-1　经济熵增与经济发展程度的关系

由图 7-1 可以看出，经济系统也同样遵循系统的熵增规律，即经济系统发展使得系统的协调性减弱，紊乱程度增加，熵值增加，系统运行效率减弱。因此，实现经济发展的主导思路是要控制与减少经济系统的熵值。

二　经济系统熵增过程分析

（一）经济熵增的来源

整体经济的发展是经济系统的熵变过程——正熵、负熵不断冲减的过程。从人类漫长的经济社会发展历史来看，影响经济系统熵增的因素主要包括经济个体的增长、社会产品的增多、生产信息的剧增以及自然资源的不断消耗等。经济熵增如图 7-2 所示。

118

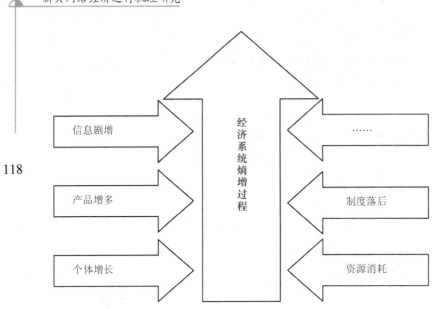

图 7 - 2　经济熵增过程

1. 经济个体的增长

经济个体的增多将直接增加经济系统无序的可能性。个体的增多，将带来需求的增大、异地交易的更加频繁等一系列问题，从而导致经济结构日趋复杂和无序。经济个体素质与数量的变化、规模的扩大、分布的日趋广泛都造成了经济熵值的不断增大。这些变化对能源的消耗、制度的效力，以及经济结构都会造成极大冲击。这些冲击从长远看可能是积极的，但在短期内会对区域的原有秩序构成破坏，使经济熵值增加。

2. 产品的多样化

社会经济的发展无疑将使得以物质为基础的产品生产日益繁荣。产品数量与功效的增多在满足人类日益增长的物质需要的同时，也带来了许多负面影响。一方面，产品的增多在更大范围与程度上消耗了有限的物质资源；另一方面，人类在进行生产与消费各种产品时也伴生着许多副生产品给经济生活带来越来越多的影响，如废弃物的增加、空气的污染等，这些都直接造成了经济系统熵值的增加。

3. 经济规制

不同地区的民族形成的各种制度构成了经济行为和秩序的规范体系。一种经济制度的诞生往往能在当时起到很大的作用推动经济的发展，但是当经济发展到一定程度之后，新的生产力水平催生出新的生产方式，而之前的经济制度安排不但不能适应后来较高水平经济的发展，相反，还成为经济继续发展的严重制约，成为经济系统发展的正熵值来源。

4. 信息剧增与资源消耗

信息剧增对于当下人们的冲击是最大的。我们生活在一个信息爆炸的时代，纷繁复杂的各类信息杂乱无章地呈现在经济个体面前，将增加导致经济系统发生动荡和失序的可能性。人类长期以来依靠自然资源的消耗来换取经济的快速发展，许多资源是不可再生的，资源的过度消耗将大大减弱经济系统进行自我调节恢复的功能，各种经济熵增也无法得到及时排放，从而引发熵增。

（二）熵增曲线

经济熵是从系统耗散的角度来刻画经济系统的发展状况，随着经济发展的不同水平，经济熵值也将呈现高低起伏的变化规律，因此经济熵变的过程可以通过曲线的形式进行直观的表达。

1. 假设前提

系统的容量是有限的，超过这个极限的容量系统将面临崩溃。同样，对于经济系统，它所能够容纳的个体增多、产品增长、信息剧增以及资源消耗的程度是有限的，即经济熵值存在着极限值，超过这个极限值经济系统将面临崩溃。这是我们进行经济系统熵值分析的前提条件。

2. 经济社会发展的熵增分析

人类经济社会经历了原始狩猎经济阶段、农业经济阶段、工业经济阶段、后工业经济阶段等不同的经济阶段，各个阶段均表现出了不同的熵增特征。

原始狩猎经济阶段，经济系统熵增的速度非常缓慢。生产力水平的低下，使得经济个体数量很长时期维持在一个相对稳定的较少

119

水平，增长非常缓慢。同时，个体对于社会产品的生产与需要极为有限，通常是靠自然生产的成品植物果实与动物狩猎来维持。因此，这个阶段的熵增曲线平稳缓和。

农业经济阶段，经济熵增的速度明显开始增大。随着生产力的发展，这个时期的经济个体已形成一定规模，人们开始了更多的群落式生活，繁衍后代，加快生产。经济个体开始突增，人类开始有了以种植为核心的产品生产。群落的生活方式又使得交换萌生，初始的商业交易就此诞生。交换形式的产生使得产品的生产不断得以丰富，以及随之而来的信息增多、制度约束等。这将在很大程度上影响经济系统的熵值增加，使得熵增曲线斜率加大，曲线开始上扬。

工业经济阶段，经济飞速发展，系统熵值急剧增加。工业革命的爆发在很大程度上提升了个体生产者的生产能力，经济个体急剧膨胀，在更为广阔的时间与空间范围内繁荣了产品的交换与创新。而这一阶段最为突出的特征是，以极度的自然资源消耗来换取经济水平的高速提升。与此同时，大规模产品的生产过程中产生了数量巨大的排放物，造成了严重的环境污染。系统熵值激增将使得熵增曲线斜率进一步增大，曲线急速上扬。

后工业化经济阶段，经济在注重量的发展的同时更注重质的发展，系统熵增将在一定程度上趋缓。工业时代单纯以资源消耗换取经济发展的模式已经渐渐不被生产者们认同，人们已经意识到了面临资源枯竭、环境严重恶化等危险，人类的生存也逐渐受到威胁。此时人们会寻找资源消耗更少、环境污染更小的生产与发展方式，以减少经济系统中的正熵值注入。熵增曲线增长的速率将逐渐放缓，斜率将逐渐减小。

人类经济系统发展的熵增曲线如图 7 - 3 所示。

三　经济系统熵减过程分析

若经济系统是一个孤立封闭的耗散系统，那么它的发展将会导致系统熵值的不断累积，直至系统停止发展，系统濒临崩溃。而实际的社会经济系统是一个开放性的结构，系统无时无刻不在与外界

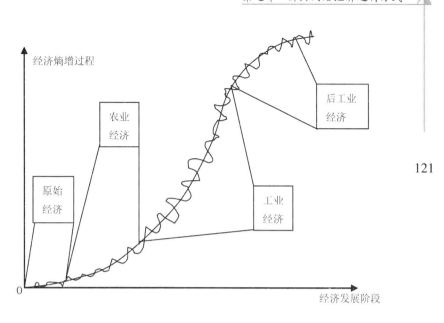

图 7－3　经济发展熵增曲线

进行各种信息、物质、能量的交换，释放自身无序的部分，并且吸收能使系统内部变得更为有序的部分。经济系统这种与外界环境的互动过程能在很大程度上冲减由于系统内部发展而产生的熵增，降低了系统整体熵值，避免由于经济熵值极限扩大导致系统崩溃的危险。如图 7－4 所示。

（一）负熵来源分析

经济系统的发展过程是由低级向高级、由简单到复杂的过程。归纳起来，经济系统熵减来源主要包括外来物质输入、能量输入、与外界的信息交流以及系统内及时的体制更新等方面。

1. 物质输入

经济活动产生的根本动因是协调人类相对无限的需求与社会资源有限性之间的对立与矛盾。当经济个体数量不断增加，对社会资源的需求也不断扩大，经济发展不可避免地将遇到资源瓶颈的制约，迫使生产个体寻求更为节省与高效的物质输入模式。这种物质输入模式能在很大程度上冲减原始资源消耗方式带来的系统熵增，从整体上降低系统熵值，缓解社会资源与个体需要之间的矛盾，逐渐将系统由无序转为有序。

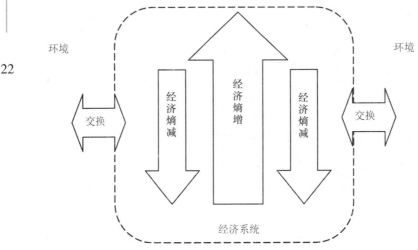

图 7 – 4　经济系统熵增与熵减抵冲

2. 能量输入

物理学中认为，能量越高系统越不稳定，系统熵值也越高。这也就形成了人们最初对于熵值与能量相关关系的理解。与物理学中的理解不同，经济系统是一个巨大的能耗系统，无数研究和实践的结论均表明，能源的投入对经济发展有直接推动作用。在经济系统中能量的输入，对于改善经济系统混乱无序状态、实现系统的有效熵减是极为有效的途径。

3. 信息交流

系统中能量分布不均是系统存在的常态。这种高势能区与低势能区的对立存在实质上会增大系统的不稳定性。这个原理对于经济发展同样适用。区域经济发展不均衡是经济发展现实中普遍存在的情况。任何国家、任何社会之间都不可能是均衡的，存在着先天的差异或后天发展不平衡。缓解这种不均衡的状态最为有效的途径就是有效的信息交流与沟通。通过信息的交流实现熵高地区向熵低地区流动，有效地促使经济系统向均衡方向发展，维持系统稳定有序。

4. 改革机制

机制的改革是从系统内部进行规制使系统熵值降低。经济系统中存在的机制是控制经济系统实现有序化的保障。经济的长足发展往往会让先前机制变得滞后，一成不变的机制或制度只能使经济系统更加僵化，需要通过改革传统的机制和制度，调节经济运行的状态。有效的机制改革是对原有制度僵化的打破，可以诱发出新的利益和秩序格局，焕发经济系统的生机与活力，形成更先进、更高级的新秩序，抑制经济系统内部熵值增加。

123

（二）负熵值流入曲线

经济系统的发展实质是一个正熵产生与负熵流入相互叠加的熵值变化过程。与熵增相比，熵减过程同样具有相似的规律性。

1. 假设前提

与经济熵增一样，经济系统的熵减也存在着系统负熵值边界，这是由于负熵流入来源，如物质、能量、信息以及制度供给的有限性，以及这些负熵来源对经济系统作用的有限性。经济系统负熵存在边界是分析负熵流入的前提假设。

2. 不同阶段的负熵流入特征

与熵增部分的分析逻辑一样，笔者同样在这里分析不同经济发展阶段，如原始狩猎经济、农业经济、工业经济、后工业化经济等，负熵流入的特征。

原始狩猎经济时期，人类长期过着自给自足的生活，对物质的消耗极少，同时由于生产工具的有限性，这一时期的经济系统与外界进行物质、能量的交互极为有限，负熵流入速率很小。

农业经济时期的负熵流入开始增大。这一阶段种植业的普及与发展，很大程度上增加了社会产品，以此带来的经济系统与外界环境在物质、信息、能量方面的交互也越来越多，增加了这个时期经济负熵来源的流入。所以这个阶段的负熵流入曲线，斜率逐渐变大。

工业经济时代是经济飞速发展的时期。科技革命带来的生产工具的革新，极大地改进了个体的组织方式，让经济个体能在很大空间与时间范围内获取经济系统外界资源。这一时期经济个体与外界交流的能力得到极大的提升，通过物质交换、信息获取、能量输入等途径实现的熵减过程越发明显。负熵流入曲线斜率将快速增大。

在后工业化经济时期，由于经济个体已经意识到单纯依靠资源的大量使用生产社会产品，经济系统将立即面临资源枯竭、经济环境严重恶化等危险，因此在后工业化经济阶段，自然资源的使用已经较之工业化经济有了大幅的下降。在这一时期，负熵流入速率明显放缓。同时由于负熵值极限的存在，其放缓的速率将逐渐变小，斜率将逐渐减小。

经济系统负熵流入曲线如图 7 - 5 所示。

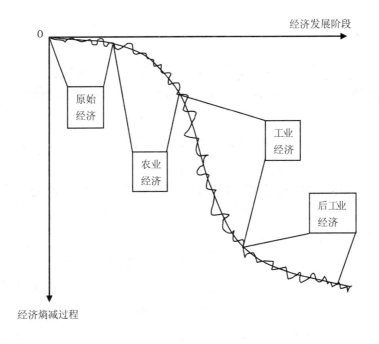

图 7 - 5   负熵流入曲线

四　熵增与熵减的拟合

在经济发展过程中，经济系统总面临着熵增与熵减的双向过程。只要经济在向前发展，经济系统的总熵值将一直维持在负值状态；当经济停滞不前时，经济系统混乱程度增大，总熵值将处于正值状态；当经济系统混乱程度急剧增加，系统面临崩溃，负熵流入急剧减少，系统总熵值将突增。如图7－6所示，为经济发展某一时期的熵变示意图。

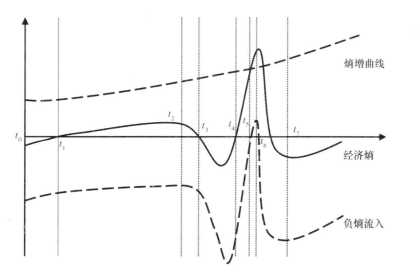

图7－6 经济发展某一时期的熵变

从经济发展的一般规律来看，经济学家们把经济的运行划分为繁荣、衰退、萧条和复苏四个阶段。运用经济熵值变化来考察经济发展变化的角度也能对经济发展周期进行合理解释。如图7－6所示，$t_0 - t_1$阶段，经济熵值处于负值，经济系统继续发展，但是熵值却呈现增长态势，经济发展逐渐放缓，系统混乱状态不断加剧。t_1之后经济系统熵值处于正值，经济系统混乱程度比较严重，经济发展处于停滞或倒退状态。之后经济系统中的主体会进行一定调整，使系统混乱程度减少，出现在t_2经济熵值开始下降的情况。由于t_2之前系统经济熵值累积已到程度，虽然采取调整行动降低系统熵值，但只有到达t_3后熵值再次达到负值，经济才会实现进一步发展。t_3以后经济发展进入正常轨道，在$t_3 - t_4$阶段经济持续发展，系统熵值经历了一次波谷的曲线。在t_4以后系统之前累积的正熵导致系统混乱不可恢复，经济系统产生爆发性混乱，负熵流入急剧减少，导致系统总体熵值突然增大，旧的经济系统崩溃。旧经济系统崩溃后，经济主体会以新的更加有效的模式组织形成新的经济系统，新的经济系统能井然有序地进行，系统负熵流入增大，经济实现很大程度的增长。$t_6 - t_7$ 阶段经济熵值陡降，经济系统又一次进入稳定状态。t_7 之后，经济开始进入又一个往复过程。

126

第三节　基于熵理论的新兴网络经济系统发展模型

新兴网络经济由于其个体广泛互联分布式生产与信息充分共享合作式交互特点的存在，使其与一般经济系统相比而言具有独一无二的低碳性。本节将借鉴熵理论原理，创造性地构建新兴网络经济系统发展模型。

一　新兴网络经济系统的熵特征

新兴网络经济是一个复杂的大型系统，与外界自然环境、社会环境紧密相连，表现出与热力学系统相似熵值的特征。

首先，新兴网络经济组成元素具有多元性。新兴网络经济是科技变革与经济发展的产物，是一个有机的经济实体。组成新兴网络经济中的个体可以是独立的个人、合作的团队、组织结构严谨的公司等不同形式的组织单元，各组织单元因交互活动的相似性又会结成许多利益紧密的关联团体子系统，共同作用形成了新兴网络经济的功能。

其次，新兴网络经济是一个开放的系统。新兴网络经济的运行与发展的过程中不断地有新进个体的加入、外来信息的接收等，与此同时，也时时刻刻向外输出产生的各种产品与信息，也会对外界的自然环境与其他的经济系统造成积极或消极的影响。自然环境与外部其他经济系统也会对新兴网络经济带来限制与冲击。新兴网络经济是一个与外界紧密相连的系统。

再次，新兴网络经济是一个动态的系统。新兴网络经济从产生伊始，就不断会有个体进入系统和离开系统，系统是在一个动态的过程中不断由无序走向有序进而又达到高层次的有序，系统的形态也不断由不稳定而走向动态稳定。稳定的新兴网络经济系统时刻处于一种动态的平衡状态，并且具有很强的自学习和自适应能力。

最后，新兴网络经济的发展过程是随机与不确定性的。个体是组成新兴网络经济的基本单元，而个体的人是新兴网络经济实体中最为普遍的表现形式。人的理性和有限理性行为常常会使新兴网络经济的运行既不是完全有序也不是完全随机，而是有序、随机和混沌共存。个体变动、技术进步、制度改革、自然变化等"涨落"事件对新兴网络经济的运行具有极其复杂的非线性作用。

综上所述，新兴网络经济系统的分布式生产与合作式交互的特征决定其发展规律遵守熵定律。

二　运行条件分析

新兴网络经济系统是由相互联系和相互作用的若干经济元素结合而成的，是具有特定功能的有机整体。新兴网络经济系统是以互联网为构建基础，将每个分布式生产的经济个体有机地联系起来，进行信息的充分共享并以此为基础进行相互信任的合作交互，通过信息交换、资源转化、物质消费等方式，依循不同的交互制度与准则进行经济活动。其运行条件可分为五大项。

一是个体条件。它是经济系统运行的基础条件之一。新兴网络经济系统中个体不是孤立的，而是高度相联的。经济系统靠个体的大脑生产和输出的智慧信息流推动，个体是经济系统内唯一的"负熵源"。在新兴网络经济系统中，由于网络结构的存在，系统具有高度的自组织性与自适应性，能够自发地协调与组织个体间的需求关系，取长补短地将个体的优势充分发挥出来。这一特点也会在很大程度上增加新兴网络经济系统内唯一的"负熵源"，使经济系统更加和谐稳定。

二是资源条件。它是经济系统运行的决定性条件。物质生产是经济活动的出发点，而资源却是先决条件。经济系统存在的根本矛盾就是个体几乎无限制的需求与有限资源之间的矛盾。经济发展的程度主要表现在缓解与维系这一对矛盾上。在新兴网络经济系统中，信息充分共享带来的是资源的合理开发与利用，分布式的生产个体可以就地取材，尽可能地减少地缘带来的资源损耗，个体间又以最为廉价的诚信机制作为契约约束自觉地遵循交互准则，也在最大限度上实现了资源的有效配置，增加流入系统中的"负熵源"。

三是环境条件。经济系统的运行环境包括自然环境与社会环境。对于新兴网络经济系统而言，构建网络系统平台与维持网络系统运行的物质基础与能量来源系统也是靠从自然环境吸收负熵流和向自然系统排泄正熵流来维持和进化的。社会环境是由经济系统之外的其他个体与组织组成。新兴网络经济系统中的个体与系统外的社会个体也存在着千丝万缕的联系，经济系统本身就是处在整个社会环境中的。更具开放性的新兴网络经济系统通过同组成它的环境的其他社会系统进行更加频繁的个体、物质、能源、信息的交流加速自身的发展。

四是信息条件。信息的增加对系统熵值的影响是双向面的：对于系统内部信息的增加一方面会使个体交互更易开展，资源配置更为合理从而增加"负熵源"；另一方面信息的无限膨胀会使信息更加杂乱无序，会扰乱经济系统内部正常的运行，从而增加系统熵值。系统外部信息的流入通常会使流入系统的负熵增加。相比其他经济系统而言，信息优势是新兴网络经济系统中最为显著的特点。新兴网络经济系统中个体相互间信息的共享，使得信息数量众多，系统独特的自组织性又使得这些信息能够自发有序地组织与呈现开来。处于系统内的个体就可以方便准确地寻找并利用相应信息进行交互活动，所以信息对系统的运行起到积极的促进作用，可以使系统中资源配置达到最优，使"负熵源"增加。新兴网络经济系统还是一个开放程度很高的经济系统，这样更有利于优势信息的涌入、废旧信息的淘汰，从而引入更多"负熵流"，排出"正熵流"，推动系统向前发展。

五是制度条件。它是经济系统运行的保障条件。制度是随着经济活动产生所形成的经济个体成员所必须遵守的规定和准则。新兴网络经济系统中交互将在更为广阔的范围内开展，交互活动相比传统市场交易更具灵活性与随机性，对系统内的制度安排与执行提出了更高的要求。制度安排是保障新兴网络经济系统内个体无顾忌地披露私人信息进行合作交互的基础，因此良好的制度更能促进系统的和谐稳定运行，减少经济熵值的增加。

新兴网络经济系统运行各构成要素之间的关系如图7－8所示。

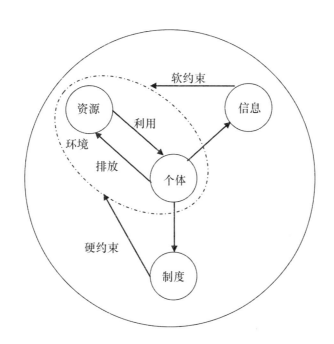

图7－8 新兴网络经济系统运行要素关系

三 系统发展模型

经济系统有多种构建方式，每一个研究者都会根据各自的研究需要构建出不同的系统模型。对于新兴网络经济系统而言包含了众多的子系统，子系统之间相互作用、相互交叉，通过复杂的人使得系统更加复杂化。本书从个体维、信息维、环境维、制度维和资源维五个维度来定义新兴网络经济系统发展模型，并在此基础上综合分析这五个维度的经济熵增与负熵流入的变化情况，形成基于熵理论的新兴网络经济系统发展的锥体模型，如图7－9所示。

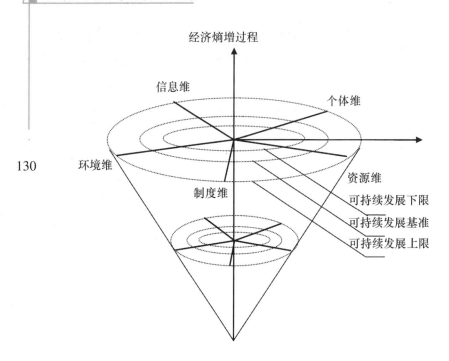

图7－9 新兴网络经济发展锥体模型

（一）模型的数学表达式

$$E = Kf(e,h,c,s,g) \qquad\qquad (7-6)$$

其中，E 表示系统的总熵值；K 表示经济发展阶段和地区差异系数；$f(x)$ 表示经济系数的函数关系；e、h、c、s、g 分别代表经济系统中个体维、信息维、环境维、制度维和资源维五个维度的变量。

（二）模型的纵坐标

纵向坐标表示经济系统的熵增。新兴网络经济的发展必然导致经济主体数量的增多、资源消耗的增长、系统复杂性加剧等，系统熵增将不断增加。同时人们对经济产品的价值观念、生活需求不同，影响经济的矛盾和问题因素不同，对经济发展的和谐满意程度的评价标准也不可能相同。以现在网络经济发展为例，淘宝和eBay、维基百科与 Kiva 银行之间不能以一个标准去评价，模型需要进一步确定判定的标准。

(三) 模型的横坐标

与纵坐标相对，模型的横坐标表示在新兴网络经济发展过程中负熵流入。经济发展过程中系统自发熵增是长期存在的，而经济系统能一直实现平衡的发展，根本原因是由于负熵流入对自发熵增的冲抵。

131

(四) 模型横截面

新兴网络经济系统的五个维度构成了锥体模型的横截面。这五个维度经济的发展和进步都发挥着重要作用，相互影响、相互制约。目前学术界尚无法用定量方法准确评价出相互之间的关系，本书将这五个系统放在圆形图形上平均分配，五个维度代表五个方面的经济熵值。越靠近圆心，熵值越大；越远离圆心，负熵流入越大。当新兴网络经济系统各个维度的熵值处于最外区域内，经济发展越和谐稳定；越往里矛盾越多，系统越不稳定。

第四节　新兴网络经济的可持续性发展

本书将新兴网络经济系统划分为个体系统、资源系统、环境系统、信息系统以及制度系统五个子系统。下面分别从这五个子系统来分析当前新兴网络经济系统中的熵增过程与熵减过程，并综合以扇形模型来分析经济的可持续性发展。

一　熵增过程分析

(一) 个体系统

由前文的分析可知，经济个体的增多对于经济系统而言本身就是一个经济熵增的过程。经济个体的不断增加带来了一系列的后续问题，如产品需求的增多、异地交易更加频繁、文化规制的冲突等，从而导致经济结构日趋复杂和无序。经济个体素质与数量的变化、规模的扩大、分布的日趋广泛都造成了经济熵值的不断增大。在当前新兴网络经济系统中这些问题依然存在，特别是在新兴网络经济刚刚诞生初期，规范其经济有效运行的制度不待进一步健全，系统中多层级结构与多功能结构系统以及不同的层次和单元通过一定的耦合关系形成了各种特殊的组织在产生、发展、复制、膨胀，很有可能会成为经济系统发展和平衡的消极因素，可能会减弱组织个体的功能，使新兴网络经济系统的结构和秩序出现不稳定性的波动，熵值增加。

（二）资源系统

新兴网络经济的发展将带来社会生产产品的多样化，产品种类将逐渐增多，数量更是呈现巨大的增加。产品的增加一方面使得资源的利用日趋广泛，勘探资源的范围不断扩大；另一方面，生产带来的资源消耗副产品和随生产带来的消极影响也日趋加大，资源利用后的废弃物也会存在，对环境造成污染，从而带来经济熵值的增大。

（三）环境系统

对于外界对新兴网络经济系统熵增的影响，主要体现在当外界环境处于高"熵势"时，对本社会造成直接"熵污染"，导致经济系统发生波动和失序。新兴网络经济作为经济发展的新生力量，容易遭遇其他经济系统超负荷的个体或组织的涌入，不相适应的观念、文化、制度的渗透等，而系统自身抵御能力不足就不可避免地遭受波及，成为熵爆发的受害者。新兴网络经济系统极高的开放性也为外界环境中正熵源的输入提供了便利。

（四）信息系统

信息交流可以促使经济系统向均衡方向发展，向维持稳定性的结构迈进，打破旧的不合理发展方式，建立更为有序的发展路径。新兴网络经济系统是一个开放性很高的系统，大量无序信息的涌入可能传递不利于自身系统发展的"随机干扰"——正熵流，从而引起经济熵值的增加。

（五）制度系统

经济制度可以规范系统内经济的运行，减少交易摩擦，提高交易效率。新兴网络经济系统初期，制度规制有待健全，个别投机的个体可能会贪图一时的利益而损害其他个体的权益，给整个系统造成不良的影响。长远来看，经济制度的效用在社会演化过程中有着明显的效用递减性。一种适时的经济制度，在刚开始时能起到很好的提序作用，但随着时间的推移和环境的变化（譬如生产力和生产条件的变化），它的合理性和科学性会逐步丧失，甚至最后成为制约经济发展的因素。

133

二　拟合扇形模型分析

在本章第二节对新兴网络经济系统发展模型以及系统熵增与熵减过程分析的基础上，对经济系统整体的熵值进行分析，以此来判定新兴网络经济的可持续性发展。如果把经济负熵流入过程作为横坐标，把经济自发熵增过程作为纵坐标，可以得出拟合后的新兴网络经济发展的扇形模型，如图7－10所示。

从熵理论分析可以知道，系统实现和谐稳定发展的目标是追求系统整体熵值的低熵或负熵。系统整体熵值是正熵与负熵的累加，本书将系统整体熵值作为新兴网络经济发展的基准值。新兴网络经济发展的过程中，其内部自发的熵增不可能是无限大的，存在着一定的极限性。因为，当熵值增加到一定程度时，经济系统将会崩溃，爆发经济危机，并能形成新的经济模式，系统熵值由高转为低。负熵的流入是与熵增同步进行的。正熵值增大，系统的内部调控能力也随之增强，负熵流入也随之增多。相反，正熵值减少，系统趋于和谐稳定，负熵的流入也趋于稳定。因此，负熵流入同样具有极限性，存在着经济可持续发展的上限熵值和下限熵值。通过分析可知，在新兴网络经济系统的熵值坐标图中，同时存在着经济可持续发展的熵值下线（最低可持续发展线）和熵值上线（最高可持续发展线）。

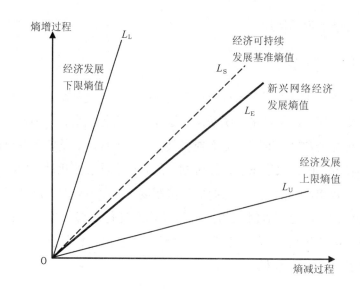

图 7 - 10　新兴网络经济可持续发展扇形图

通过对新兴网络经济系统中熵增与熵减过程的分析，可以大致地描绘出当前新兴网络经济可持续性发展的熵值曲线。经济可持续发展的熵值范围应该处在下限熵值和上限熵值之间，低于下限经济走向衰退，超过上限是不切实际的理想状态，系统不可能达到。通常把高于下限 L_L 熵值的区域称为不稳定区，容易爆发经济危机；在下限 L_L 与基准线 L_S 之间的区域定为发展滞缓区；基准线 L_S 与上限值 L_U 之间的区域定为理想可持续发展区。在新兴网络经济系统的发展过程中，本书综合分析认为，系统发展的熵值曲线 L_E 位于基准线 L_S 与上限值 L_U 之间并靠近基准线 L_S，随着新兴网络经济的进一步发展，接受和进入系统内的个体增多，内部规制更加健全，新兴网络经济的低碳优越性将得以更加充分的体现，系统熵值曲线将更靠近上限值 L_U，系统发展具有可持续性。

本章小结

本章对新兴网络经济的低碳性进行了更为深入的分析，指出新兴网络经济符合低碳经济的理念。在介绍经济熵与经济发展系统模型的基础上，运用熵理论从个体、信息、环境、制度与资源五个方面分析，构建了新兴网络经济系统发展模型，并从这五个方面分析了系统熵增与熵减过程，最后运用拟合扇形模型说明了新兴网络经济发展的可持续性。

135

第八章 总结与展望

新兴网络经济作为近年来刚刚萌生的一种新的经济形态，其发展还处于起步阶段，各种运行与协调机制尚不十分完备。本书重点研究了新兴网络经济的特征、规律及贡献三个方面的五个问题。五个问题不能涵盖每个方面的所有问题，因此本书的研究存在局限与不足，具体来讲主要有以下几个方面。

一是本书通过对实体经济的分析，归纳总结了新兴网络经济的四个主要的基本特征，即分布式生产、信任式合作、以诚信对等网络为载体以及高度的低碳，并未更深入更系统地发掘与研究其他的主要特征。研究仅具有一定的代表性。

二是本书从理论上解释了新兴网络经济中分布式存在的环境与产生的条件，阐释了分布式的生产方式产生的必然性，然而对于其具体产生的机理与过程并未进行系统的说明与论证；论证了新兴网络经济中声誉信号将与价格信号共同作用推动交互的顺利进行，也分析了两者间的相互作用关系，但是对于声誉信号与价格信号是如何共同作用的机制机理，本书的研究尚未涉及。

三是本书对新兴网络经济与经济发展关系的研究，仅从系统熵模型进行了定性的分析，缺乏实际的数理定量分析。

针对以上本书研究的不足之处，进一步的研究工作可以从以下方面展开：（1）全面深入地发掘新兴网络经济的系统特征；（2）研究与论证新兴网络经济中分布式产生的机理与过程；（3）分析声誉信号与价格信号对交互活动的共同作用机理，构建科学合理的声誉、价格决定机制；（4）在新兴网络经济系统中构建以多维度模型为核心的声誉系统并研究系统运行效率等；（5）结合新兴网络经济发展实际情况，运用数据实证说明新兴网络经济对经济发展的促进作用。除此之外，对于政府如何引导新兴网络经济进一步发展、如何有效地维护与监管新兴网络经济的高效运行也是亟待解决的问题。

137

参考文献

［1］靖继鹏：《信息经济学》，清华大学出版社 2011 年版。

［2］马费成：《信息经济学》，武汉大学出版社 1998 年版。

［3］［美］卡尔·夏皮罗哈尔·瓦里安：《信息规则——网络经济的策略指导》，中国人民大学出版社 2010 年版。

［4］靖继鹏：《应用信息经济学》，科学出版社 2009 年版。

［5］［美］布赖恩·卡欣哈尔·瓦里安：《传媒经济学——数字信息经济学与知识产权》，中信出版社 2003 年版。

［6］张小蒂、倪云虎：《网络经济概论》，浙江大学出版社 2002 年版。

［7］张铭洪：《网络经济学教程》，科学出版社 2009 年版。

［8］毕强：《网络社会与企业管理》，吉林科学技术出版社 2009 年版。

［9］周鸿铎等：《网络经济》，北京广播学院出版社 2006 年版。

［10］［以］奥兹、谢伊：《网络产业经济学》，上海财经大学出版社 2002 年版。

［11］［美］卡尔·夏皮罗、哈尔·瓦里安：《信息规则——网络经济的策略指导》，中国人民大学出版社 2009 年版。

［12］刘凌：《网络出版物定价探讨》，电子出版社 2010 年版。

［13］［美］罗伯特·H. 史密斯：《网络经济消费特征和市场结构》，人民大学出版社 2002 年版。

［14］纪玉山：《网络经济》，长春出版社 2010 年版。

［15］王道平：《网络经济》，河北人民出版社 2010 年版。

［16］宋玲：《电子商务——21 世纪的机遇与挑战》，电子工业出版社 2009 年版。

［17］黄淳、何伟：《信息经济学》，经济科学出版社 2008 年版。

［18］张维迎：《博弈论与信息经济学》，上海三联书店、上海人民出版社 2004 年版。

139

［19］张其仔等：《新经济：与中国无缘》，社会科学文献出版社 2010 年版。

［20］［美］查克·马丁：《数字化经济》，中国建材工业出版社、科文出版有限公司 2009 年版。

［21］［美］卡伦·索斯威克：《新经济规则》，中国标准出版社、科文出版有限公司 2010 年版。

［22］马洪、王梦奎：《中国经济形势与展望》，中国发展出版社 2011 年版。

［23］许志龙：《中国网络问题报告》，兵器工业出版社 2010 年版。

［24］左美云：《网络企业》，长春出版社 2009 年版。

［25］余东华：《模块化企业价值网络》，上海人民出版社 2008 年版。

［26］柯颖：《模块化生产网络：一种新产业组织形态研究》，经济科学出版社 2009 年版。

［27］芮明杰、李想：《网络状产业链构造与运行：基于模块化分工和知识创新的研究》，上海人民出版社 2009 年版。

［28］［美］马克·格兰诺维特：《镶嵌：社会网络与经济行动》，罗家德译，社会科学文献出版社 2007 年版。

［29］孙国强：《网络组织治理机制论》，中国科学技术出版社 2005 年版。

［30］余荣华、姜明君、于晓飞：《产业集群风险传导与扩散理论研究》，人民出版社 2010 年版。

［31］任志安：《企业知识共享网络理论及其治理研究》，中国社会科学出版社 2008 年版。

［32］贾根良：《第三次工业革命带来了什么?》，《求是》2013 年

第 6 期。

[33] 徐梦周、贺俊：《第三次工业革命的特征及影响》，《决策参考》2012 年第 10 期。

[34] 胡少甫：《"第三次工业革命"的兴起以及给中国带来的挑战》，《经济关系与贸易》2012 年第 4 期。

[35] 马费成、王晓光：《信息商品的定价策略及方法》，《情报理论与实践》2009 年第 3 期。

[36] 乌家培：《网络经济及其对经济理论的影响》，《学术研究》2011 年第 1 期。

[37] 乌家培：《网络经济对生产力要素理论的影响》，《生产力研究》2010 年第 3 期。

[38] 张蕊：《中国网络经济发展水平测度》，《经济理论与经济管理》2011 年第 9 期。

[39] 张秀冰：《网络经济运行规律及其对传统经济理论的影响》，《财经贸易》2010 年第 8 期。

[40] 祝尔坚、屠梅曾：《从网络技术到网络经济的演进》，《上海经济研究》2011 年第 4 期。

[41] 杨震等：《一种基于灵活市场的区分服务网络定价策略》，《计算机应用研究》2011 年第 7 期。

[42] 干春晖、周习：《网络经济系列研究论文之二——互联网接入价格机制研究》，《财经研究》2009 年第 2 期。

[43] 张蕊：《网络经济及其在中国的发展》，博士论文，四川大学，2012 年。

[44] 黄璐：《网络经济时代价格体系的新发展价格》，《理论与实践》2012 年第 11 期。

[45] 王莉：《基于网络经济的企业战略创新》，硕士论文，武汉理工大学，2009 年。

[46] 盛郁文、牛露华：《网络经济的产业经济特征——从微软反垄断案及其启示》，《中国工业经济》2011 年第 6 期。

[47] 张蕊：《网络经济运行规律初探》，《福建论坛（经济社会版）》2007 年第 8 期。

［48］郭磊：《致命的瓶颈：制约信息网络经济发展的经济学规律》，《财经理论与实践》2008 年第 5 期。

［49］王新华等：《基于流量控制的网络实时定价计费系统》，《计算机工程》2003 年第 13 期。

［50］胡鞍钢、周绍杰：《网络经济：21 世纪中国发展战略的重大选择》，《中国工业经济》2010 年第 6 期。

［51］陈氢：《网络经济发展的制约因素及对策探析》，《情报杂志》2012 年第 7 期。

［52］纪玉山：《网络经济的崛起：经济学面临的新挑战》，《经济学动态》2008 年第 5 期。

［53］杨华峰：《网络经济时代企业市场营销的新趋势》，《经济师》2012 年第 3 期。

［54］马庆国、王毅达：《网络市场效率与价格离散研究》，《浙江大学学报（人文社会科学版)》2009 年第 4 期。

［55］纪汉霖、管锡展：《双边市场及其定价策略研究》，《外国经济与管理》2009 年第 3 期。

［56］孙健、麻志华：《网络经济学的合理体系和几个相关理论问题》，《上海交通大学学报》2010 年第 4 期。

［57］王道平：《网络经济时代企业物流管理的变革》，《北京科技大学学报（社科版)》2010 年第 2 期。

［58］陈光勇、张金龙：《网络经济时代的组织结构变迁分析》，《中国地质大学学报（社会科学版)》2010 年第 4 期。

［59］杨万停、靖继鹏：《信息商品的价格模型研究》，《情报科学》2003 年第 9 期。

［60］史光明：《论网络经济的体系结构》，《宁夏社会科学》2004 年第 4 期。

［61］甘碧群、程凯：《网络型组织：知识经济时代的企业组织创新》，《经济评论》2001 年第 2 期。

［62］周明、史达宁：《网络型产业定价模式浅析》，《商业经济》2004 年第 4 期。

［63］金雪涛：《网络广告定价标准的改进研究》，《江西财经大学

学报》2004 年第 2 期。

[64] 汪涛:《网络经济运行机制探讨》,《改革与战略》2002 年第 7、8 期。

[65] 黄伟:《对网络外部性的研究及其在商业策略中的应用》,硕士论文,西北工业大学,2004 年。

[66] 王凌云:《浅论电子信息源的定价及其相关问题》,《情报探索》2008 年第 1 期。

[67] 李望平、张建中:《科学数据库在网络服务中的定价方法》,《情报学报》2006 年第 3 期。

[68] 张蕊:《网络经济的特征和运行规律剖析》,《天津大学学报(社会科学版)》2001 年第 3 期。

[69] 沈玖玖:《我国网络信息商品需求的影响因素分析》,《情报杂志》2010 年第 3 期。

[70] 向蓉美:《建立衡量网络经济的指标体系》,《统计与决策》2010 年第 3 期。

[71] 潘成夫:《网络外部性与网络金融发展差异分析》,《商业研究》2006 年第 14 期。

[72] 谭顺:《关于网络经济几个问题的辨析》,《山东理工大学学报》2010 年第 19 卷第 4 期。

[73] 吴君杨:《网络经济研究》,博士论文,中共中央党校,2002 年。

[74] 薛伟贤、冯宗宪:《网络经济效应分析》,《系统工程》2005 年第 3 期。

[75] 傅晓明等:《Internet 网络服务定价研究现状与展望》,《计算机与现代化》1999 年第 2 期。

[76] 郭其友:《中国经济主体行为变迁研究》,博士论文,厦门大学,2001 年。

[77] 陆群:《信息时代网络经济的发展机遇》,《经济学动态》2008 年第 7 期。

[78] 吉棍、王海艳、王汝传:《一种基于灰色系统理论的主观信任评估方法》,《计算机技术与发展》2010 年第 20 卷第 4 期。

［79］ 世纪佳缘网（http：//www. jiayuan. com）。

［80］ 韩炜、彭正银：《企业网络组织异变的内在机理》，《经济管理》2008 年第 11 期。

［81］ 王亚刚、白云涛、葛京、席酉民：《企业国际化的动因与行为研究：成就、问题与未来研究机遇》，《科学学与科学技术管理》2010 年第 3 期。

143

［82］ 王莉：《企业网络组织间学习理论研究综述》，《理论学刊》2008 年第 7 期。

［83］ 朱瑞博：《模块化抗产业集群内生性风险的机理分析》，《中国工业经济》2004 年第 5 期。

［84］ 李海舰、聂辉华：《论企业与市场的相互融合》，《中国工业经济》2004 年第 8 期。

［85］ 曹江涛、苗建军：《模块化时代企业边界变动研究》，《中国工业经济》2006 年第 8 期。

［86］ 蔡宁、杨门柱、吴结兵：《企业集群风险的研究：一个基于网络的视角》，《中国工业经济》2003 年第 4 期。

［87］ 刘万福、马一太：《地球生命系统与可持续发展》，《天津大学学报》2004 年第 37 卷第 4 期。

［88］ 张卫民、安景文、韩朝：《熵值法在城市可持续发展评价问题中的应用》，《数量经济技术经济研究》2003 年第 6 期。

［89］ 王宏广：《把握第三次工业革命新机遇》，《经济日报》2013 年 3 月 1 日。

［90］ 黄群慧、贺俊：《"第三次工业革命"：科学认识与战略思考》，《光明日报》2012 年 12 月 14 日。

［91］ 冯飞：《第三次工业革命：中国制造业转型的挑战与机遇》，《消费日报》2013 年 2 月 7 日。

［92］ 尹晓宇、潘笑天：《3D 打印：颠覆传统制造的革命》，《人民日报》2013 年 1 月 19 日。

［93］ 齐芳：《3D 打印产业，中国如何发展?》，《光明日报》2013 年 3 月 9 日。

［94］ 芮明杰：《第三次工业革命的起源、实质与启示》，《文汇

报》2012 年 9 月 17 日。

[95] 冯鹏程:《世界将拥抱第三次工业革命》,《光明日报》2013 年 1 月 7 日。

[96] 程小旭:《3D 打印产业发展前景广阔,但忌夸大》,《中国经济时报》2013 年 1 月 23 日。

144

[97] Colin Day Pricing Electronic Products University of Michigan Press Paper presented at AAUP/ARL Symposium on Electronic Publishing November 2007 Available at http：//www. press. umich. edu/jep/works/colin. eprice. html.

[98] P. Chatterjee, D. L., "Hoffman modeling the clickstream: implications for Web – based advertising efforts", *Marketing Science*, Vol. 22, No. 4, 2009.

[99] Mason R., "Network externalities and the Coase conjecture", *European Economic Review*, Vol. 44, No. 10, 2010.

[100] Joseph Farrell, Paul Klemperer, Coordination and Lock – in: Competition with Switching Costs and Network Effects, http：//em-lab. berkeley. edu/users/farrell, 2011.

[101] Bosworth, Barry P., Tiplett, Jack E.. *What's New About the New Economy IT*, *Growth and Productivity*, Washington, DC: October 20, 2010's New About the New Economy? The Brookings 2 Institution.

[102] Fabio Ancarani, Venkatesh Shankar, *Price Levels and Price Dispersion on the Internet*: *A Comparison of Pure Play Internet*, Bricks – and—Mortar, and Bricks – and – Clicks Retailers Business Resseareh Center Working Paper, 2012.

[103] Roberts S. Gazzale, Jeffrey Mackie Masson, *Endogenous Differentiation of Information Goods Under Uncertainty*, Proceedings of the 3rd ACM Conference on Elect ronic Commerce, 2011.

[104] Brynjolfsson, Erik, and Yang, Shinkyu, "Information Technology and Productivity: A Review of the Literature", *Advances in Computers*, Vol. 43, No. 1, 2011.

［105］ Brynjolfsson, Erik, Hitt, Lorin M. , "Beyond Computation: Information Technology, Organizational Transformation and Business Performance", *Tournal of Economic Persbectives*, Vol. 14, No. 4, 2010.

［106］ Bakos, Y. , Brynjolfsson, E. , "Bundling Information goods: Pricing, profits and efficiency", *Management Science*, No. 45, 2009.

［107］ R. J. Deneckere and R. P. McAfee, "Damaged goods", *Journal of Economics and Management Science*, No. 5, 2006.

［108］ Zahray, W. , and Sirbu, M. , "The provision of Scholarly journals by Libraries via Electronic Technologies: An Economic Analysis", *Information Economics and policy*, Vol. 4, 2009.

［109］ Varian, H. R. , "Pricing information goods Proceedings of Scholarship in the New information Environment Symposium", *Harvard Law School*, May 2005.

［110］ Smith, Michael J. B. , Erik B. , "Understanding Digital Markets: Reviews and Assessment Erikb", in Brian K. , eds. , *Understanding the Digital Economy*, Cambridge, MA: MIT Press, 2011.

［111］ Palmer, J. W. , and L. B. Eriksen, "September, Digital newspapers explore marketing on the Internet", *Communications of the ACM*, Vol. 42, No. 9, 2012.

［112］ Kiley, Michael T. , *Computers and Growth with Costs of Adjustment: Will the Future Look Like the Past?* Washington, D. C. : Board of Governors of the Federal Reserve System, July 2009.

［113］ Lee W. Mcknight, Jose phP. Bailey, *Internet Economics*, Boston: MIT, 2011.

［114］ Michael L. Dertouzos, "The Future of Computing", *Scientific American*, No. 8, 2012.

［115］ Andieh, Robert B. Makingmarkets, "Network effects and the role of law in the creation and restructuring of securities markets", *Southern California Law Review*, Vol. 32, 2008.

[116] Varian H. R. , *Pricing Information Goods*, Proceedings of Scholarship in the New Information Environment Symposium, Harvard Law School, 2006.

[117] Arminger, Gerhard, Daniel Enache and Thorsten Bonne, "Analyzing creditriskdata: A comparison of logistic discrimination, classification tree analysis, and feed forward networks", *Computational Statistics*, Vol. 12, 2012.

[118] Asplund, Marcus and Rickard Sandin, "Competition in interrelated markets: An empirical study," *International Journal of Industrial Organization*, Vol. 17, 2009.

[119] Batt Rosemary, "Explaining wage in equality in telecommunications services: Customer segmentation, human resource practices, and union decline", *Industrial and Labor Relations Review*, Vol. 10, 2010.

[120] Jφsang A, Ismail R, Boyd C. , "A survey of trust and reputation systems for online service provision", *Decision Support Systems*, Vol. 43, No. 2, 2007.

[121] Huynh T. Jennings, Shadbolt N. , "An integrated trust and reputation model for open multi – agent systems", *Autonomous Agents and Multi – Agent Systems*, Vol. 13, No. 2, 2006.

[122] Huynh T. , *Trust and Reputation in Open Multi – Agent Systems*, Southampton, Electronics and Computer Science, University of Southampton, 2006.

[123] Fullam K. , Klos B. , Muller G. , et al. , A *specification of the agent reputation and trust (ART) test bed: Experimentation and competition for trust in agent societies*, Proc of the 4th Into 1 Joint Conf on Autonomous Agents and Multi – agent Systems (AAMAS), New York: ACM, 2005.

[124] Kamvar S. , Schlosser M. , "Garcia – Molina H. The EigenTrust algorithm for reputation management in P2P networks", *Budapest, Hungary*, May 2003.

［125］Zhou R. , Hwang K. , "Power Trust: a robust and scalable repu-
tation system for trusted peer – to – peer computing", *Transactions on
Parallel and Distributed Systems*, Vol. 18, No. 4, 2007.

［126］Felix Gomez Marmol, Gregorio Martinez Perez, "Security threats
scenarios in trust and reputation models for distributed systems",
Computer & Security, Vol. 28, 2009.

147

［127］Sabater J. , *Trust and reputation for agent societies*. Barcelona:
Universitat Autònoma de Barcelona, 2003.

［128］Teacy T. , Patel J. , Jennings R. , et al. , "TRAVOS: Trust
and Reputation in the Context of Inaccurate Information Sources", *Au-
tonomous Agents and Multi – Agent System*, Vol. 12, No. 2, 2006.

［129］Yu B. , Singh M. , *An evidential model of distributed reputation
management*, Proc of the AAMAS, New York: ACM, 2002.

［130］Rino F. , Giovanni P. , Cristiano C. , *A fuzzy approach to a be-
lief – based trust computation*, LNAI 2631, Berlin: Springer, 2003.

［131］A. Jφsang, Ismail R. , Boyd C. , "A Survey of Trust and Repu-
tation System for Online Service Provision", *Decision Support System*,
Vol. 43, No. 2, 2006.

［132］A. Jφsang and S. Pope, "Semantic Constraints for Trust Tansi-
tivity", In S. Hartmannand M. Stumptner, editors, *Proceedings of the
Asia – Pacific Conference of Conceptual Modelling (APCCM) Newcas-
tle*, Australia, February 2005.

［133］Xiong L. , Liu L. , "PeerTrust: supporting reputation – based
trust in peer – to – peer communities", *IEEE Transactions on Knowl-
edge and Data Engineering* Vol. 16, No. 7, 2004.

［134］Zhou R. , Hwang K. , *PowerTrust: a robust and scalable reputa-
tion system for trusted peer – to – peer computing.* , Transactions on
Parallel and Distributed Systems 2007.

［135］Huang C. , Hu H. , Wang Z. , *A dynamic trust model based on
feedback control mechanism for P2P applications*, In Autonomic and
trusted computing, Third international conference, ATC. LNCS, vol.

4158. Wuhan, China: Springer, 2006.

[136] Boukerche A., Xu L., El – Khatib K., "Trust – based security for wireless ad hoc and sensor networks," *Computer Communications* Vol. 30, No11 – 12, 2007.

[137] Chen H., Wu H., Zhou X., Gao C., *Agent – based trust model in wireless sensor networks*, In Eighth ACIS international conference on software engineering, artificial intelligence, networking, and parallel/distributed computing, SNPD 03, 2007.

[138] Dorigo M., Gambardella L., Birattari M., Martinoli A., Poli R., Stu tzle T., *Ant colony optimization and swarm intelligence*, In Fifth international workshop, ANTS 2006. LNCS, vol. 4150. Brussels, Belgium: Springer, 2006.

[139] Douceur J. R., Donath J. S., *The Sybil attack*, In Proceedings for the 1st international workshop on peer – to – peer systems (IPTPS ' 02), 2002.

[140] Girao J., Sarma A., Aguiar R., *Virtual identities – a cross layer approach to identity and identity management*, In Proceedings for the 17th wireless world reseach forum, Heidelberg, Germany, Nov 2006.

[141] Go'mez Ma'rmol F, Mart ? 'nez Pe' rez, G., *Providing trust in wireless sensor networks using a bio – inspired technique*, In Proceedings of the networking and electronic commerce research conference, NAEC' 08, Lake Garda, Italy, Sep 2008.

[142] Huang C., Hu H., Wang Z., *A dynamic trust model based on feedback control mechanism for P2P applications*, In Autonomic and trusted computing, Third international conference, ATC. LNCS, vol. 4158. Wuhan, China: Springer, 2006.

[143] Josang A., Ismail R., Boyd C., "A survey of trust and reputation systems for online service provision", *Decision Support Systems*, Vol. 43, No. 2, 2007.

[144] Kamvar S., Schlosser M., Garcia – Molina H., The EigenTrust

148

algorithm for reputation management in P2P networks, Budapest, Hungary, May 2003.

[145] Lam S. K., Riedl J., *Shilling recommender systems for fun and profit*, In WWW' 04: proceedings of the 13th international conference on World Wide Web, 2004.

[146] Marti S., "Garcia – Molina H. Taxonomy of trust: categorizing P2P reputation systems", *Computer Networks*, Vol. 50, No. 4, 2006.

[147] Moloney M., Weber S., *A context – aware trust – based security system for ad hoc networks*, In Workshop of the 1st international conference on security and privacy for emerging areas in communication networks, Athens, Greece, Sep 2005.

[148] Sabater J., Sierra C., "REGRET: reputation in gregarious societies", In Müller J. P., Andre E., Sen S., Frasson C., editors, *Proceedings of the fifth international conference on autonomous agents*, Montreal, Canada: ACM Press, 2001.

[149] Sabater J., Sierra C., "Review on computational trust and reputation models", *Artificial Intelligence Review*, Vol. 24, No. 1, 2005.

[150] Songsiri S., *MTrust: a reputation – based trust model for a mobile agent system*, In Autonomic and trusted computing, Third international conference, ATC. LNCS, vol. 4158. Wuhan, China: Springer, 2006.

[151] Tajeddine A., Kayssi A., Chehab A., Artail H., *PATROL – F – a comprehensive reputation – based trust model with fuzzy subsystems*, In Autonomic and trusted computing, Third international conference, ATC. LNCS, vol. 4158. Wuhan, China: Springer, 2006.

[152] Wang W., Zeng G., Yuan L., *Ant – based reputation evidence distribution in P2P networks*, In GCC: fifth international conference on grid and cooperative computing, Changsha, Hunan, China: IEEE Computer Society, 2006a.

[153] Wang Y. , Cahill V. , Gray E. , Harris C. , Liao L. , *Bayesian network based trust management*, In Autonomic and trusted computing, Third international conference, ATC. LNCS, vol. 4158. Wuhan, China: Springer, 2006.

[154] Xiong L. , Liu L. , "PeerTrust: supporting reputation – based trust in peer – to – peer communities", *IEEE Transactions on Knowledge and Data Engineering*, Vol. 16, No. 7, 2004.

[155] Zhou R. , Hwang K. , "PowerTrust: a robust and scalable reputation system for trusted peer – to – peer computing", *Transactions on Parallel and Distributed Systems*, 2007.

[156] Das, T. K. and Bing – Shing Teng, "Trust, Control, and Risk in Strategic Alliances: An Integrated Framework", *Organization Studies*, Vol. 22, No. 2, 2000.

[157] Daniel Z. Levin , Rob Cross, "The Strength of Weak Ties You Can Trust: The Mediating Role of Trust in Effective Knowledge Transfer", *Management Science*, No. 11, 2004.

[158] Edward Cohen – Rosenthal, "Making Sense out of Industrial Ecology: A Frame work for Analysis and Action", *Journal of Cleaner Production*, No. 12, 2004.

[159] Tomas Kaberger, Bengt Mansson, "Entropy and Eeonomic Processes – Physics Perspectives", *Eeological Eeonomies*, No. 36, 2001.

[160] Wolfgang Fratzseher, KarlstePhan, "Waste Energy Usage and Entropy Economy", *Energy*, No. 28, 2003.

[161] Jean – Bernard Brissaud, "The Meaning of Entropy", *Entropy*, Vol. 7, No. 1, 2005.